Die schönsten Rezepte aus

Ostpreußen

Straße in Allen.

Ingeborg Hoffmann

Die schönsten Rezepte aus Ostpreußen

Über 100 der schönsten Rezepte,
viele Geschichten und Anekdoten

Mit Illustrationen von
Dietmar Spengler

Labonté

Umschlagfoto: Florian Werner, Look Bildagentur
Foodfotos Umschlag: Barbara Lutterbeck, Köln
Lektorat: Britta Körber, Köln
Satz: Desktop Publishing Thomas Heider, Bergisch Gladbach
Printed in Italy

ISBN 3-9805792-3-9

Inhalt

Vorwort
6

Eintöpfe und Suppen
9

Kartoffelgerichte
23

Gemüse
41

Salate
61

Fleisch, Wild und Geflügel
77

Fisch
109

Nachspeisen
123

Register
142

Vorwort

Ein Kochbuch mit Rezepten aus Ostpreußen wird mehr als ein einfaches Kochbuch sein – es ist ein Buch der Erinnerungen. Wer es als Ostpreuße zur Hand nimmt, wird zahlreiche Gerichte aus seiner Kinderzeit wiederfinden, geliebte und auch weniger geschätzte. Allerdings gab es den offenen Aufstand gegen eine Mahlzeit noch nicht – es wurde eben gegessen, was auf den Tisch kam. In den Rezepten spiegelt sich die ganze Farbigkeit dieses schönen Landes. Es war ja ein überaus fruchtbarer Landstrich, in den ländlichen Gebieten von Gutsbesitzern, Bauern, Fischern und Jägern bewohnt, und die Fülle drückt sich auch in der Üppigkeit der Zutaten der einzelnen Gerichten aus. Aber ebenso zeugen die Rezepte von der Genügsamkeit der (ost-) preußischen Bevölkerung. Nicht nur in den Kreisen der Arbeiter, Instleute und Landarbeiter, sondern durchaus auch in den städtischen Haushalten und auf den großen Gütern, verstand man sich auf die schmackhafte Resteverwertung, oder darauf, aus Zutaten, die seinerzeit nur Pfennige kosteten, eine sättigende Mahlzeit für die ganze Familie zuzubereiten.
Wie gesagt – dieses Kochbuch ist mit Nostalgie beladen. Vor mehr als 50 Jahren versank Ostpreußen in Krieg, Chaos und Zerstörung. Davor lagen viele friedliche Jahre, denn auch der fünfeinhalb Jahre währende Zweite Weltkrieg sparte zunächst diese Enklave aus, bis sie zuletzt in Schutt und Asche gelegt wurde. Aber bis dahin verlief das Leben beschaulich. Ruhe und Gelassenheit war auch bei der Vorbereitung der Mahlzeiten notwendig: Es gab keine Supermärkte, kaum jemand hätte ein Auto gehabt, um große Mengen von Lebensmitteln heranzuschaffen. So machte die Hausfrau sich täglich auf den Weg, um – wie man es nannte – „Besorgungen“ zu machen. Sie kaufte beim Kolonialwarenhändler ein, ging dann zum Fleischer, in die Bäckerei, holte sich Obst und Gemüse beim Grünwarenhänd-

ler und erstand schließlich Milch, Sahne, Eier und Butter in der Meierei; schwer bepackt kam sie nach Hause.

Schon der Einkauf aller Essenszutaten verlangte Ruhe, Überlegung und Zeit. Hinzu kam, daß es keine elektrischen Küchengeräte gab. Wenn am Sonntag (etwa als Krönung einer Zitronencreme) der süße Schmand geschlagen wurde, so geschah dies nicht mit dem elektrischen Mixgerät, sondern nur mit dem spiralenförmigen Schneeschläger, der Geduld und kräftige Arme voraussetzte. War es sehr heiß oder ein Gewitter im Anzug, konnte das ganze mühsame Werk mißlingen. Es gab keinen elektrischen Kühlschrank – vielmehr wurde das Eis in den Städten morgens in dicken Stangen von den sogenannten „Eismännern" auf der Schulter getragen ins Haus gebracht. Im emaillierten oberen Fach des Kühlschranks erzeugte das Eis zwar Kälte, aber taute auch langsam vor sich hin, so daß das Schmelzwasser in einer Schüssel aufgefangen werden mußte. Aber das war ein Sommerproblem. Neben den Kühlschränken gab es Speisekammern, um die Lebensmittel zu lagern. Und wenn es auch nicht Stein und Bein fror, diese großen Kammern, die neben der Küche nach Norden hin lagen und mit Fliegenfenstern versehen waren, blieben kühl und hielten die Vorräte lange frisch.

Wen erreichen diese Erinnerungen, die diese Rezepte hervorrufen, heute noch?

Dieses Kochbuch soll nicht nur eine materielle und kulinarische Erinnerung sein. Es soll auch die Kultur, Mentalität und Lebenskunst Ostpreußens lebendig halten. Hier verstand man es, sinnenfreudig, gastfreundlich und verschwenderisch üppig zu essen. Und die Wälder, Seen, Haffs, das Meer, die Flüsse und Felder hielten alles bereit, was ein Mensch braucht, um satt und zufrieden zu sein und um arbeiten zu können.

Eintöpfe und Suppen

In einem Land, das so lange und bitterkalte Winter hatte, waren heiße und gehaltvolle Suppen und Eintöpfe gerade das Richtige zum Erwärmen. Groß war die Auswahl der Gemüse ja im Winter nicht. Aber es gab Kohlsuppen oder die beliebte Kartoffelsuppe mit Würstchen und Suppen aus getrockneten Erbsen und Linsen. Man könnte heute wohl kaum jemandem eine Sauerkohlsuppe mit reichlicher Kartoffelzugabe und Schweinepfötchen anbieten, dennoch war sie gerade in dieser Zusammensetzung ein sehr gehaltvolles Gericht und wurde gern an Tagen gereicht, an denen es im Haushalt viel zu tun gab – z. B. am Waschtag –, weil die Vorbereitung dazu nur kurze Zeit in Anspruch nahm. Eine Sauerampfersuppe war ein rechtes Frühlingsessen voll frischer Vitamine, und die Kinder wurden losgeschickt, um auf den Wiesen frischen Sauerampfer zu pflücken.

So gab es den Jahreszeiten entsprechende Suppen: die Sauerampfersuppe im Frühling, die kalte Apfelsuppe im Sommer, die Kürbissuppe im Herbst und die heiße Sauerkohlsuppe im kalten Winter.

Rinderfleck (Kutteln)

Über die Entstehung der Fleckstuben in Königsberg, die man dort früher in großer Zahl vorfinden konnte, wird folgendes berichtet:

Im 16. Jahrhundert, kurz nach Gründung der Albertus-Universität in Königsberg, lebte dort ein Schneider, der so arm war, daß er bis tief in die Nacht hinein nähen mußte, um seine Familie ernähren zu können. Seine Frau, die die große Familie einigermaßen sättigen wollte, ging zum Schlachthof und kaufte dort für ein paar Groschen eine große Menge Kaldaunen (Kutteln) und Gedärme vom Rind sowie einige Markknochen ein. Sie reinigte die Gedärme äußerst gründlich und stellte daraus eine sehr nahrhafte und zugleich schmackhafte, wenn auch eigenartig anzusehende dicke Suppe her, indem sie das „Fleisch" ganz klein stückelte und 24 Stunden lang mit den Markknochen kochte.

Eines Nachts kam ein lärmendes und singendes Häuflein Studenten lange nach Mitternacht am Haus vorbei. Der dem Schneiderhäuschen entströmende angenehme Geruch zog sie so stark an, daß sie an die noch erleuchteten Fenster klopften und nach der kräftigen Brühe verlangten, die doch anscheinend hier gekocht würde. Die Suppe verspeisten sie mit großem Wohlbehagen und waren deshalb umso mehr erstaunt, als der Schneider ihnen nur ein ganz geringes Entgelt dafür abverlangte. Begeistert erzählten sie ihren Kommilitonen von ihrer Entdeckung. Bald sprach sich herum, welch köstliche Speise es im Schneiderhäuschen gab, und auch andere Bürger kamen herbei. Der Schneider aber richtete nun eine Fleckstube ein, die er sehr bald vergrößern mußte. Er brauchte jetzt nicht mehr zu nähen und wurde bald ein reicher Mann.

Zutaten

500 g Markknochen
1 Bund Suppengrün
1 Zwiebel
3 Suppenwürfel
1 TL Majoran
Schmalz
1 1/2 l Hühnerbrühe
1 kg Rinderfleck (Kutteln)
Salz
Pfeffer

Zubereitung

Die Markknochen mit dem Suppengrün, der geschälten und geviertelten Zwiebel, den Suppenwürfeln, dem Majoran, Salz und Pfeffer und dem Schmalz in der Hühnerbrühe ca. 60 Minuten kochen. Anschließend durch ein Sieb geben und in die klare Brühe den fein gewürfelten Rinderfleck hineingeben und alles ca. vier bis sechs Stunden gut durchköcheln lassen.

Serviert wird das Gericht in einer Terrine. Dazu reicht man Brot oder Brötchen sowie Majoran, Senf und Essig, womit jeder seinen Eintopf nach Geschmack verfeinern kann.

Beetenbartsch

Der Beetenbartsch, ein dem Borschtsch vergleichbarer Rote-Rüben-Eintopf, gehört zu den Klassikern der ostpreußischen Küche und darf natürlich auch in diesem Buch nicht fehlen.

Zutaten

4 mittelgroße rote Rüben
2 EL Essig
1 Prise Zucker
1 kg Rindfleisch
1 Bund Suppengemüse
2 Zwiebeln
1 Lorbeerblatt
Salz
2 EL Mehl
1/2 Becher Sahne
geriebener Majoran
1/8 l saurer Schmand

Zubereitung

Die Rüben säubern, gar dämpfen, schälen, reiben oder raffeln, mit Essig und Zucker mischen. Rindfleisch mit Wasser bedecken, köcheln lassen, nach 60 Minuten Suppengemüse, halbierte Zwiebeln, Lorbeerblatt hinzufügen und salzen. Wenn das Fleisch gar ist, Brühe durch ein Sieb gießen. Mehl mit etwas Sahne verrühren, Brühe damit binden, mit Zucker, Salz und Majoran würzen. Rüben und das gewürfelte Fleisch hineingeben. Beetenbartsch mit Salzkartoffeln reichen, dazu sauren Schmand.

Masurischer Suppentopf

Zutaten

250 g Zwiebeln
40 g Schmalz
1 EL Mehl
500 g geräuchertes Schweinefleisch
1 kg Kartoffeln
1 kg Sauerkraut
2 EL Tomatenmark
1/4 l saurer Schmand
Pfeffer
Salz
1 Prise Zucker

Zubereitung

Die gewürfelten Zwiebeln im Schmalz dünsten, mit Mehl überstäuben und mit etwas Wasser ablöschen. Das Fleisch in etwa 1 l Wasser 30 Minuten leicht kochen lassen, dann die geschälten und gewürfelten Kartoffeln, das Sauerkraut und die zuvor zubereitete Zwiebelbrühe dazugeben, zum Schluß das Tomatenmark hinzufügen. Nochmals 30 Minuten kochen lassen. Das Fleisch aus der Brühe nehmen, in Würfel schneiden und mit dem sauren Schmand wieder in den Topf geben. Alles kräftig mit Pfeffer und Salz, eventuell Zucker abschmecken.

Bohnen-Speck-Eintopf

Dieser Eintopf wurde in Ostpreußen auch „Blindhuhn" genannt und erfreute sich großer Beliebtheit. Durch die Beigabe von Äpfeln und Birnen entsteht ein ganz unvergleichlich feiner Geschmack, der dieses Gericht zu einer raffinierten Delikatesse macht.

Zutaten

250 g weiße Bohnen
375 g durchwachsener Räucherspeck
250 g grüne Bohnen
250 g Mohrrüben
250 g Kartoffeln
2 große säuerliche Äpfel
4 kleine Birnen
Pfefferkraut (Bohnenkraut)
Salz
Pfeffer
Maggi
1 Prise Zucker

Zubereitung

Die weißen Bohnen über Nacht in 3/4 l Wasser einweichen. Am nächsten Tag in Salzwasser in etwa 90 Minuten weich kochen, in den letzten 30 Minuten den gewürfelten Speck, die geputzten Gemüse und das Obst dazugeben, wobei die Birnen ganz, aber ohne Kerngehäuse, die Äpfel geschält und gewürfelt in die Suppe kommen. Mit Salz, Pfefferkraut, eventuell etwas Maggi und einer Prise Zukker würzig abschmecken. Auch eine in Scheiben geschnittene Kochwurst paßt gut zu diesem sättigenden und wohlschmeckenden Gericht.

Sauerampfersuppe

In Ostpreußen, wo die Wiesen noch nicht mit Schädlings-Bekämpfungsmitteln vom „Unkraut“ befreit wurden, brauchte man nach Sauerampfer nicht lange zu suchen. Man mußte ihn nur abschneiden und mit nach Hause nehmen, um daraus eine leckere Sauerampfersuppe zuzubereiten.

Zutaten

500 g Rindfleisch (ohne Knochen)
1 Bund Suppengemüse
750 g Sauerampfer
Saft einer 1/2 Zitrone
1 Prise Zucker
Salz
Pfeffer
2 EL Mehl
1/8 l saure Sahne (Schmand)
2 Eigelb
1 Stich Butter

Zubereitung

Rindfleisch mit gut 1 l warmen Wasser bedecken, leicht kochen lassen und nach 60 Minuten das zerkleinerte Suppengemüse dazugeben, salzen. Wenn das Fleisch weich ist, die Brühe durch ein Sieb gießen, das Fleisch würfeln und zur Seite stellen. Den Sauerampfer gut waschen, fein hacken, und in der Brühe kurz aufkochen lassen. Mit dem Zitronensaft und Zucker abschmecken, eventuell mit etwas Pfeffer und Salz abrunden.
Mehl mit der Hälfte des sauren Schmands verrühren und die Suppe damit binden. Vom Herd nehmen, die Fleischwürfel hineingeben. Eigelb mit dem restlichen Schmand und einem Stich Butter verrühren und in die Suppe geben. Dazu reicht man mehlige Salzkartoffeln.

Bettelmann-Suppe

Vielleicht kommt der Name Bettelmann-Suppe daher, daß die Graupen von jeher nicht sonderlich beliebt waren. In dieser Zusammenstellung schmecken sie aber ausgezeichnet.

Zutaten

100 g Graupen
500 g Rindfleisch (ohne Knochen)
250 g mehlige Kartoffeln
1 große Portion Suppengemüse
1 große Zwiebel
Salz
Pfeffer
1 Stich Butter
Petersilie

Zubereitung

Zur Vorbereitung dieses Eintopfs müssen die Graupen vor Kochbeginn zwei Stunden lang in Wasser eingeweicht werden.
Das Fleisch in warmem Wasser aufsetzen, nach etwa 60 Minuten Kochzeit die geschälten und gewürfelten Kartoffeln, das kleingeschnittene Suppengemüse, die grob gewürfelte Zwiebel und die eingeweichten Graupen dazugeben. Wenn alles gar ist, wird das Fleisch aus der Suppe genommen und gewürfelt, die Suppe würzig mit Salz und Pfeffer abgeschmeckt, ein Stich Butter hinzugefügt und mit gehackter Petersilie bestreut.

Wrukensuppe

Wruken wurden in Ostpreußen die Kohlrüben genannt, die vor allem in Notzeiten die Gemüse- und somit die Vitaminversorgung der Bevölkerung sicherstellten. Sie waren seinerzeit nicht sonderlich begehrt, vielleicht, weil es sie – vor allem in den ärmeren Bevölkerungsschichten – so häufig zu essen gab. Aber richtig zubereitet, sind sie sehr delikat.

Zutaten

750 g Suppenfleisch (Schwein oder Rind)
1 Lorbeerblatt
3 Gewürzkörner (Piment)
1 TL Majoran
1 mittelgroße Wruke
2 EL Schmalz
2 EL Zucker
300 g Kartoffeln
Pfeffer
Salz
eventuell eine Räucherwurst

Zubereitung

Das Fleisch mit 1 l warmem Wasser bedecken, Lorbeerblatt, Gewürzkörner, Majoran, Pfeffer und Salz hinzufügen. Leicht kochen lassen, mit Salz und Pfeffer abschmecken. Wenn das Fleisch schön weich ist, die Brühe durch ein Sieb abgießen und aufbewahren. Inzwischen die Wruke schälen und würfeln. Schmalz und Zucker in einer Pfanne unter Rühren braun werden lassen, dann mit Brühe ablöschen, die Wruke dazutun und alles wieder zum Kochen bringen. Nach ca. 20 Minuten die geschälten und gewürfelten Kartoffeln hineingeben und mitkochen. Das Fleisch würfeln, dazugeben und kochen, bis die Wruke und die Kartoffeln gar sind, wobei beides noch Biß haben sollte. Je nach Geschmack kann man im Eintopf eine Räucherwurst mitgaren.
Stellen Sie ein Schälchen gerebelten Majoran und etwas Senf auf den Tisch, womit jeder seinen Eintopf nach Belieben abschmecken kann.

Linseneintopf mit Pflaumen

Zutaten

250 g getrocknete Pflaumen
500 g Linsen
1 Zwiebel
1 Portion Suppengemüse
250 g Blutwurst
Essig
Zucker
1 EL Gänseschmalz
300 g Kartoffeln

Zubereitung

Am besten legt man die Pflaumen am Abend zuvor zum Einweichen in Wasser, ebenso in einem separaten Topf die verlesenen und abgespülten Linsen. Linsen mit der gewürfelten Zwiebel im Einweichwasser langsam zum Kochen bringen, nach einer halben Stunde das kleingeschnittene Suppengemüse hinzufügen. Blutwurst in Stücke schneiden und in der Suppe garziehen lassen. Die eingeweichten Backpflaumen getrennt in etwas Wasser garen lassen, entsteinen und zur Suppe geben. Das Gericht mit Essig und etwas Zucker süß-sauer abschmekken. Mit Gänseschmalz verfeinern. Kartoffeln entweder zum Schluß gewürfelt mitkochen oder gesondert servieren.

Erbsen mit Speck

Zutaten

500 g große gelbe Erbsen
1 Zwiebel
5 Gewürzkörner (Piment)
250 g gepökeltes oder geräuchertes Schweinefleisch
250 g frisches Schweinefleisch
1 gehäufter EL Majoran
500 g Kartoffeln
Salz
Pfeffer

Zubereitung

Erbsen über Nacht in etwa 1 1/2 l Wasser einweichen, im Einweichwasser mit der gewürfelten Zwiebel und den Gewürzkörnern langsam zum Kochen bringen, Fleisch hineingeben. Bei geringer Hitze langsam kochen lassen, bis die Erbsen sämig sind. Fleisch herausnehmen und gewürfelt wieder in die Suppe geben, dazu den Majoran. Die Kartoffeln entweder geschält und gewürfelt in der letzten halben Stunde mitkochen lassen oder als Salzkartoffeln gesondert reichen. Das Gericht mit Salz und frisch gemahlenem Pfeffer würzen, sehr heiß servieren. Als Beilagen eignen sich durchwachsener Räucherspeck, gepökeltes Schweineohr oder Schweineschwänzchen (eine ostpreußische Spezialität), aber auch eine Kochwurst.

Kürbissuppe

Zutaten

750 g Kürbiswürfel
1 l Wasser
1/2 l Milch
2 EL geriebene Mandeln
Salz
Zucker nach Geschmack
1 TL Kartoffelmehl
2 Eigelb
1/8 l saurer Schmand

Zubereitung

Die Kürbiswürfel mit Wasser bedecken, weich kochen, abschütten und durch ein feines Sieb rühren. Die Milch hinzufügen, aufkochen lassen, Mandeln hineingeben, mit Salz und Zucker abschmecken, mit dem angerührten Kartoffelmehl binden, vom Herd nehmen und mit Eigelb und saurem Schmand verfeinern.

Brotsuppe

Die ostpreußische Küche kannte eine Reihe von Rezepten, die der Verwertung von altem Brot dienten. Niemand wäre deshalb auf die Idee gekommen, altes Brot, wie es heute leider allzu häufig üblich ist, einfach in die Mülltonne zu werfen. Daraus ließen sich doch überaus schmackhafte und sättigende Gerichte herstellen, wie zum Beispiel diese Brotsuppe.

Zutaten

250 g trockene Brotreste
gut 1 l Wasser
1/2 Stange Zimt
2 Nelken
3 Äpfel
150 ml trockener Weißwein
100 g Sultaninen
Saft einer halben Zitrone
Zucker
Salz
1 Stich Butter
saurer Schmand

Zubereitung

Die Brotreste in kaltem Wasser einweichen, mit Zimt und Nelken zum Kochen bringen, durch ein feines Sieb streichen und anschließend noch einmal aufkochen. Äpfel schälen und in Scheiben schneiden. Apfelscheiben mit Wein und Sultaninen vorsichtig weichkochen und zur Wasser-Brot-Mischung hinzufügen. Die Suppe mit Zitronensaft, Zucker und Salz abschmecken und mit Butter, eventuell mit etwas saurem Schmand, verfeinern.

Kartoffelgerichte

Dieser unscheinbaren erdfarbenen Knolle gebührt das höchste Lob! Wir haben gelernt, daß Friedrich der Große, um die immer wieder ausbrechenden Hungersnöte zu lindern, den Kartoffelanbau anordnete – zunächst in Schlesien und Pommern; aber auch in Ostpreußen war sie bald heimisch und von da an vom täglichen Mittagstisch nicht mehr wegzudenken. Das Aroma einer guten Kartoffel ist so unvergleichlich, daß sich leicht auf andere Zutaten verzichten läßt – außer auf ein Stück frische Butter und ein wenig Salz zu einer heißen Pellkartoffel.

Auch Künstler haben sie ins Bild gesetzt oder im Lied besungen: Man denke an die „Die Kartoffelesser" von Vincent van Gogh. Auf diesem Gemälde ist eine Runde ärmlich gekleideter Menschen, die um einen Tisch sitzen, abgebildet, in deren Mitte eine große Kartoffelschüssel steht. Und in Matthias Claudius' fröhlichem Lied von der Kartoffel heißt es:

„Schön rötlich die Kartoffeln sind
Und weiß wie Alabaster!
Verdau'n sich lieblich und geschwind
Und sind für Mann und Weib und Kind
Ein rechtes Magenpflaster."

Ja, dieser sanfte Geschmack, der sich mit allen Zutaten verträgt – mit jedem Gemüse, Fleisch, Fisch, Geflügel, vor allem aber mit jeder Sauce, die sich so wohlschmeckend mit den zerdrückten Kartoffeln vermischt!

So sicherte man sich damals in Ostpreußen rechtzeitig einen großen Kartoffelvorrat für den Winter. Zentnerweise wurden sie eingekellert und bildeten so mit den Kohlenbergen und den auf Regalen angeordneten Äpfeln, die einen wunderbaren Duft verbreiteten, die Gewähr für einen warmen Winter, in dem auch für das leibliche Wohl gut vorgesorgt war.

Bauernfrühstück

In vielen Haushalten gab es das Bauernfrühstück als Abendessen. Es wurde aus den vom Mittagessen übriggebliebenen Kartoffeln zubereitet und mit Speck durchgebraten, mit Schnittlauch bestreut und mit einem gequirlten Ei überbraten. Dieses Abendessen war viel beliebter als die langweiligen Brotscheiben mit sparsamem Belag. Und es duftete wirklich wie auf einem Bauernhof.

Zutaten

750 g Kartoffeln
125 g Räucherspeck oder roher oder gekochter Schinken
100 g Butter
6 bis 8 Eier
etwas Pfeffer
Salz
1 Bund Schnittlauch
eventuell 1 TL Majoran

Zubereitung

Die Kartoffeln in der Schale nicht ganz weichkochen, abpellen, in Scheiben oder Würfel schneiden. Den gewürfelten Räucherspeck in der Butter anbraten, die Kartoffeln dazugeben, leicht salzen und unter Wenden hellbraun braten. Die Eier mit etwas Wasser oder Milch, Pfeffer, Salz (und, wenn es heimatlich gut schmecken soll, Majoran) gut verquirlen. Entweder den Schnittlauch jetzt der Eimasse hinzufügen oder später über das fertige Gericht streuen. Die Eimasse über die Kartoffeln gießen und das Bauernfrühstück auf der Unterseite bräunen lassen. Eventuell auf einen heißen Deckel gleiten lassen und auch die andere Seite leicht bräunen. Auf eine vorgewärmte Platte geben und zusammenklappen. Mit gehacktem Schnittlauch bestreuen. Wenn man das Gericht lieber mit rohem oder gekochtem Schinken zubereitet, dann wird er gewürfelt und erst über die Kartoffeln gegeben, wenn sie schon fast braun sind.

Kartoffelkeilchen

Keilchen sind im Grunde eine Art Klöße, die eine gewisse Verwandtschaft mit den bayrischen Knödeln aufweisen. Keilchen sind von der Form her allerdings sehr verschieden – sie können klein, rund, aber auch länglich sein. Es gibt viele verschiedene Zubereitungsarten, von denen die wichtigsten in diesem Buch genannt sein sollen.

Zutaten

1 kg rohe Kartoffeln
350 g gekochte Pellkartoffeln vom Vortag
2 Eier
1 bis 2 EL Mehl oder Kartoffelmehl
Salz
125 g Räucherspeck
2 Zwiebeln
2 EL Butter

Zubereitung

Die geschälten, rohen Kartoffeln reiben, Kartoffelwasser ablaufen lassen oder in einem Tuch etwas auspressen. Die am Tag zuvor gekochten, geriebenen oder durchgepreßten Kartoffeln hinzufügen, mit Eiern, Mehl und Salz zu einer festen Masse verarbeiten. Salzwasser zum Kochen bringen, entweder runde oder längliche Keilchen formen und im leise siedenden Wasser ohne Deckel garziehen lassen. Keilchen herausnehmen. Inzwischen den gewürfelten Speck und die Zwiebeln in der Butter kroß werden lassen, in einer Schale gesondert zu den Keilchen reichen. Wer fettes Essen liebt und verträgt, kann natürlich mehr Butter dazu nehmen. Diese Keilchen schmecken auch aufgebraten vorzüglich. Ohne Speck und Butter werden sie gern zu Schmor-, Gänse- oder Schweinebraten gegessen.

Kartoffelkeilchen aus Pellkartoffeln

Zutaten

1 kg Pellkartoffeln vom Vortag
4 EL Butter
3 Eier
etwa 150 g Mehl
Salz

Zubereitung

Die Kartoffeln werden am Vortag gekocht, abgepellt und gerieben oder noch warm durch die Presse gegeben. Die Butter weich rühren, die Kartoffeln und die übrigen Zutaten untermischen, salzen; die Menge der Mehlzugabe richtet sich nach dem Feuchtigkeitsgehalt der Kartoffeln. Mit bemehlten Händen runde oder längliche Keilchen formen und in leise kochendem Salzwasser etwa 25 Minuten ziehen lassen. Sie schmecken gut zu allen fetten Braten.

Kartoffelkeilchen mit Brot

Zutaten

1 kg Kartoffeln
1 Ei
Salz
2 trockene Brötchen
2 EL Butter

Zubereitung

Die Kartoffeln schälen und in eine mit Wasser gefüllte Schüssel reiben, vorsichtig in ein Tuch gießen und mit dem Kartoffelmehl, das sich am Boden der Schüssel abgesetzt hat, vermischen, das Ei dazugeben und kräftig salzen. Brötchen würfeln und in Butter braun rösten. Mit nassen Händen nicht zu kleine, runde Keilchen formen, in jedes einige Brötchenwürfel geben. Die Keilchen in leicht gesalzenem Wasser in etwa 25 Minuten garziehen lassen. Diese Keilchen schmecken ausgezeichnet zu allen fetten Braten. Übriggebliebene Keilchen werden in dicke Scheiben geschnitten und in Butter von beiden Seiten knusprig gebraten.

Heilsberger Keilchen

Kocht heute noch jemand Heilsberger Keilchen? Das Reiben der vielen Kartoffeln und das Ausdrücken ist mühsam. Aber der Aufwand lohnt sich. In Ostpreußen erfreuten sich die Heilsberger Keilchen auf jeden Fall größter Beliebtheit, und sparsame Hausfrauen verwendeten am nächsten Tag das sämige, stärkehaltige Kochwasser der Keilchen für die Zubereitung einer schmackhaften Suppe.

Zutaten

1 kg Kartoffeln
350 g gekochte Kartoffeln
2 Eier
1 EL Mehl oder Kartoffelmehl
1 TL Salz
2 EL Essig
125 g Räucherspeck
2 Zwiebeln
2 EL Butter

Zubereitung

Die Kartoffeln schälen, reiben und in einem Tuch auspressen, mit den gekochten, geriebenen und erkalteten Kartoffeln, Eiern, Mehl und Salz zu einem festen Teig verarbeiten. Gut 1 l Wasser zum Kochen bringen, salzen, die kleinen, länglichen Keilchen mit einem Löffel abstechen und ins leise siedende Wasser geben. Zum Schluß sollten die Keilchen gerade vom Wasser bedeckt sein. Sind sie gar, wird die Brühe mit Salz und Essig abgeschmeckt. Inzwischen haben wir den gewürfelten Speck und die gewürfelten Zwiebeln in etwas Butter kroß gebraten. Sie werden über das Gericht gegeben, das noch mit etwas Butter verfeinert werden kann. In Heilsberg und Umgebung kannte man dieses Gericht unter dem Namen „Schucke-Keilchen“.

Zwiebelkartoffeln

Zutaten

1 kg Kartoffeln
250 g Zwiebeln
4 EL Butter oder Schmalz
2 Tassen Brühe

Zubereitung

Die Kartoffeln schälen und roh in Scheiben schneiden. Dann die Zwiebeln schälen und in Scheiben schneiden, leicht salzen, in der Butter andünsten bis sie glasig aussehen. Kartoffeln und Zwiebeln in einen Topf geben, mit der Brühe übergießen, 50 bis 60 Minuten bei milder Hitze dünsten lassen. Gut als Beilage zu Bratwurst oder Bratklops.

Schmandkartoffeln

Zutaten

1 kg Pellkartoffeln
1 1/2 l Brühe
1/4 l saurer Schmand
100 g gekochter Schinken
1 Bund Dill oder Petersilie
2 EL Butter

Zubereitung

Die Kartoffeln nicht ganz weich kochen, abpellen und in Scheiben schneiden. Den Schinken würfeln. Brühe (auch aus Brühwürfeln) zum Kochen bringen, die Kartoffeln hineingeben und einmal aufkochen lassen. Den Schmand und die Schinkenwürfel hinzugeben und das Gericht bei niedriger Temperatur in etwa 20 Minuten gar werden lassen. Vom Herd nehmen, mit der Butter verfeinern und mit gehacktem Dill oder gehackter Petersilie überstreuen. Dazu gibt es frischen Salat.

Petersilienkartoffeln

Zutaten

750–1000 g neue Kartoffeln
1 TL Salz
1 TL Kümmel
3 EL Butter
1 Bund feingehackte Petersilie

Zubereitung

Die neuen Kartoffeln werden wie Pellkartoffeln gar abgekocht, abgedämpft, gleich abgezogen und in einem Topf mit der zerlassenen Butter und dem Kümmel gut durchgeschwenkt. Eventuell noch etwas nachsalzen und noch ein paarmal mit der gehackten Petersilie schwenken, sehr heiß servieren.
Petersilienkartoffeln werden gerne zu Bratklops, Bratfisch oder Karbonade gereicht.

Bierkartoffeln

Zutaten

750 g Kartoffeln
1/4 l Braunbier
1/4 l Brühe
40 g Kochpfefferkuchen (kräftig gewürzter Lebkuchen)
1 EL Zucker
1 Zwiebel
4 Nelken
1/2 Lorbeerblatt
1 TL Kartoffelmehl
etwas Essig oder Zitronensaft

Zubereitung

Die Kartoffeln nicht zu weich kochen, abpellen und in dicke Scheiben schneiden. Das Braunbier, die Brühe, den Kochpfefferkuchen mit dem Zucker, den gewürfelten Zwiebeln, den Nelken und dem Lorbeerblatt zusammen aufkochen und etwa 15 Minuten leise ziehen lassen. Brühe durch ein Sieb gießen, aufkochen, mit dem Kartoffelmehl andicken und kräftig süß-sauer abschmecken. Kartoffelscheiben hineingeben und bei niedriger Temperatur noch etwa 15 Minuten dünsten lassen.
Diese Bierkartoffeln nach einem alten ostpreußischen Gutsrezept schmecken ausgezeichnet zu Rindfleisch.

Kartoffelhörnchen

Die Kartoffelhörnchen haben so manchem Gastgeber während der mageren Kriegsjahre aus der Verlegenheit herausgeholfen, was er seinen Gästen anbieten sollte. Kartoffeln gab es fast immer, und die sparsamen Zutaten konnte man von den dürftigen Zuteilungen noch abzweigen. Um so überraschender sind der Duft und der Geschmack der fertigen Hörnchen.

Zutaten

250 g Kartoffeln
1 Eiweiß
300 g Mehl
75 g Zucker
1 Päckchen Backpulver
3 Tropfen Bittermandel-Aroma
1 Ei
1 EL Wasser
50 g Butter
Marmelade zum Füllen
1 Eigelb
1 EL Milch zum Bestreichen

Zubereitung

Kartoffeln kochen, heiß abpellen und reiben oder warm durch die Kartoffelpresse geben. Eiweiß zu Schnee schlagen, Eigelb beiseite stellen. Alle Zutaten zu einem geschmeidigen Teig verarbeiten, ausrollen und beliebig große Dreiecke ausradeln. Marmeladenfüllung in die Mitte geben, die Dreiecke von der langen Seite her aufrollen, in Hörnchenform biegen. Milch mit dem Eigelb verquirlen und Hörnchen damit einpinseln. Anschließend bei 200° C im Backofen etwa 15 Minuten backen. Heiß oder kalt reichen.

Kartoffelrand

Zutaten

1 kg mehlige Kartoffeln
4 EL Butter
2 EL Mehl
3 Eigelb
4 EL saurer Schmand
eventuell 2 EL geriebener Käse
3 Eiweiß
Paniermehl

Zubereitung

Kartoffeln in der Schale kochen, abpellen und durch die Presse geben. Butter weich rühren, die Kartoffeln, das Mehl, die mit saurem Schmand verrührten Eigelb, etwas Salz, nach Geschmack geriebenen Käse gut mischen und zum Schluß das zu steifem Schnee geschlagene Eiweiß unterheben. Die Masse in eine gut ausgebutterte, mit etwas Paniermehl ausgestreute Auflaufform geben. In den vorgeheizten Ofen schieben und in etwa 45 Minuten bei mäßiger Hitze backen. Den Kartoffelrand auf eine runde Platte stürzen.
Er wird gefüllt mit Fleisch- oder Fischragout, Gulasch, feinem Gemüse in Schmandsauce oder Pilzen.

Kartoffelbällchen

Zutaten

750 g mehlige Kartoffeln
5 Eigelb
3 EL Butter
4 EL Mehl
Salz
Paniermehl
Öl zum Ausbacken

Zubereitung

Kartoffeln kochen, abziehen, durch die Presse geben und über Nacht kühl stellen. Drei Eigelb mit der geschmolzenen Butter verrühren, mit Mehl, Salz und den Kartoffeln mischen. Kleine Bällchen formen (oder längliche Stäbchen), mit Mehl bepudern, in mit etwas Wasser und Salz verschlagenen Eigelb wälzen, dann in Paniermehl. In heißem Öl oder Plattenfett schwimmend ausbacken (immer in kleinen Mengen) und abtropfen lassen. Zum Schluß alle Bällchen noch einmal in das Öl geben, kroß backen und abgetropft gleich zu Tisch geben.
Sie schmecken vorzüglich zu feinem Gemüse, zu Ragout aus Fleisch oder Fisch und zu Bratenresten.

Balbäuschen

Zutaten

500 g Kartoffeln
500 g Mehl
1/4 l Milch
4 Eier
1 Prise Zucker
40 g Hefe
Öl zum Ausbacken

Zubereitung

Kartoffeln nicht zu weich kochen, abziehen und noch warm durch die Kartoffelpresse geben, erkalten lassen. Aus Mehl, lauwarmer Milch, dem Zucker und der zerbröckelten Hefe ein Hefestück ansetzen und gehen lassen. Mit den Eiern und den Kartoffeln mischen, noch einmal aufgehen lassen. In einer tiefen Pfanne oder einem Topf Öl erhitzen. Das Öl ist heiß genug, wenn sich um einen hineingehaltenen Holzlöffelstiel Bläschen bilden. Mit einem Löffel kleine Portionen vom Teig abstechen, zu Bällchen formen und im Öl schwimmend ausbacken (in kleinen Mengen), herausnehmen und abtropfen lassen. Zum Schluß noch einmal alle Balbäuschen ins heiße Fett geben, gut abtropfen lassen und mit Zucker und Zimt und beliebigem Kompott heiß servieren.

Kartoffelflinsen I

Fast alle regionalen deutschen Küchen kennen Kartoffelflinsen, nur heißen sie dort anders. Am bekanntesten sind sie unter dem Namen Kartoffelpuffer, aber auch Reibekuchen oder Plinze sind gängige Begriffe. In Ostpreußen kannte man zwei Zubereitungsarten: So konnte man sie aus rohen Kartoffeln zubereiten, aber auch aus gekochten Kartoffeln, die vom Vortag übriggeblieben waren oder die man gleich mit zubereitet hatte.

Zutaten

1 kg Kartoffeln
2 Eier
2 EL Mehl oder Kartoffelmehl
eventuell 1 kleine Zwiebel
1 EL Salz
Fett zum Backen

Zubereitung

Die Kartoffeln schälen und reiben (bei neuen Kartoffeln etwas Kartoffelwasser abschöpfen) und mit den Eiern und dem Kartoffelmehl mischen (Zwiebel nur daranreiben, wenn die Flinsen (Puffer) nicht mit süßen Beilagen gegessen werden). Jeweils einen Eßlöffel von der Masse in die Pfanne mit heißem Fett geben, mit dem Löffel flach streichen und auf beiden Seiten kroß backen. Kartoffelflinsen schmecken am besten frisch aus der Pfanne. Man backt sie also in zwei Pfannen nebeneinander oder gibt jeweils eine Pfannenfüllung gleich zu Tisch. Sie werden mit Zucker oder Zimtzucker bestreut, mit Apfelmus und Preiselbeeren gegessen, oder es gibt eine Tasse Kaffee oder eine Obstkaltschale (Blaubeeren!) dazu. In manchen Gegenden wurden in der Pfanne zuerst Speckspirgel ausgelassen und die Flinsen in diesem Fett gebraten und mit den Spirgeln serviert.

Kartoffelflinsen II

Zutaten

500 g gekochte, geriebene Kartoffeln vom Vortag
3 EL Mehl oder Grieß
2 Eier
1 EL zerlassene Butter (oder Schmalz)
1 TL Salz
Paniermehl
Fett zum Backen

Zubereitung

Die am Vortag gekochten, gleich geriebenen oder durchgepreßten Kartoffeln mit den übrigen Zutaten und 1 TL Salz mischen, zu kleinen Flinsen, Plätzchen oder Keilchen formen, in Paniermehl wenden, in heißer Butter oder heißem Schmalz in der Pfanne hellbraun backen und heiß zu Tisch geben.
Kartoffelflinsen sind besonders schmackhaft als Beilage zu Braten, Gemüse oder Bratklopsen. Sie können die Masse auch mit etwas geriebener Muskatnuß, mit geriebenem Käse oder Tomatenketchup verfeinern. Gibt man statt dem Salz einen Eßlöffel Zucker und etwas abgeriebene Zitronenschale in den Teig, dann kann man sie wie Balbäuschen mit Zucker und Zimt oder mit Kompott servieren.

Bratkartoffeln

Zutaten

800 g Kartoffeln
3 EL Schmalz oder Butter
250 g durchwachsener Speck
Zwiebeln nach Belieben
Salz

Zubereitung

Pellkartoffeln nicht ganz weich kochen, abpellen, in Scheiben oder Würfel schneiden, salzen. Im heißen Schmalz in der Pfanne braun und kroß braten. Nach ostpreußischer Art werden zunächst die Speckwürfel im Schmalz angeröstet, dann die Kartoffeln und zum Schluß die Zwiebelwürfel dazugegeben und alles kroß gebraten.
Mit den gleichen Zutaten können wir auch Bratkartoffeln aus rohen Kartoffeln herstellen. Die Kartoffeln werden geschält und in Scheiben geschnitten. Schmalz erhitzen, Kartoffelscheiben hineingeben und salzen. Mit geschlossenem Deckel etwa 10 Minuten dünsten lassen, eventuell ein bis zwei Eßlöffel Wasser hineingeben. Dann den Deckel abnehmen, die Kartoffeln (nach Belieben ebenfalls mit Speck und Zwiebeln) hellbraun braten.

Gemüse

In dem fruchtbaren Landstriche Ostpreußen gediehen Gemüse aller Art aufs beste. Man denke an die großen, dunklen Kähne, die aus der fruchtbaren Niederung auf dem Pregel nach Königsberg kamen und die Königsberger Märkte und Händler mit Gemüse versorgten. Aber auch die zahlreichen Gärten und Schrebergärten, die überall, auch in den Städten, große Flächen einnahmen, lieferten reiche Erträge und waren der Stolz ihrer Besitzer.

Natürlich richtete sich die Auswahl auf dem Markt viel stärker nach den Jahreszeiten als heute, und es war undenkbar, im Winter z. B. Tomaten oder Gurken zu bekommen. Um so freudiger wurden deshalb im Frühsommer der junge Salat, der Spinat und die frischen Küchenkräuter begrüßt. Der Winter war vorbei, in dem man sich vor allem mit den üblichen Kohlsorten, Weiß-, Rot- oder Rosenkohl, hatte begnügen müssen. Aber gerade Weiß- und Rotkohl wurden verfeinert, indem sie in Fett oder vorzugsweise Schmalz geschmort und getrocknete Gewürze wie Kümmel und Majoran hinzugefügt wurden. Man kann sich leicht vorstellen, wie schwer diese „Beilagen" im Magen lagen, aber auch, wie viele Nährstoffe ihnen durch diese Zubereitungsart entzogen wurden. Es ging vor allem um den Sättigungsgehalt, und es schmeckte ja auch gut. Von Vitaminen wurde früher nicht geredet. Auch die Karotten, die ja wie die Kartoffeln eingelagert werden konnten, gab es das ganze Jahr über.

Der Sommer hielt dann alles Frische wie die Salate, die jungen Erbsen und Böhnchen bereit. Alles hatte – jahreszeitlich bedingt – immer wieder den Reiz des Neuen und Besonderen.

Im Spätsommer waren dann die geschmorten Tomaten und Gurken ein beliebtes Gericht.

Viele Gemüse- und Obstsorten wie Paprika, Zucchini, Kiwis, Mangos und Avocados hatten ihren Weg noch nicht nach Deutschland, geschweige denn nach Ostpreußen gefunden, und man kann sich vorstellen, was für eine Kostbarkeit frische Ananasscheiben waren, die es am Sonntag mit Schlagsahne als Nachtisch gab.

Kohlrouladen

Zutaten

1 kg Weißkohl
250 g gehacktes Rindfleisch
250 g gehacktes Schweinefleisch
1 Semmel
1 Ei
Salz
Pfeffer
3 EL Schmalz
100 g Räucherspeck
2 Tassen Brühe
1 EL Kartoffelmehl
nach Belieben 1 Tasse saurer Schmand

Zubereitung

Den Weißkohl putzen, mit kochendem Wasser überbrühen oder eine Weile darin ziehen lassen, bis die Blätter geschmeidig sind. Blätter ablösen, die Rippen etwas abschneiden. Aus Hackfleisch, Ei, der eingeweichten, ausgedrückten Semmel und Gewürzen einen lockeren Klopsteig machen, in Portionen aufteilen. Jeweils eine Portion in Kohlblätter hüllen und mit einem Faden umwickeln.
Im Schmalz den in Scheiben geschnittenen Räucherspeck langsam bräunen, Speck beiseite stellen. Die Kohlrouladen im heißen Schmalz von allen Seiten leicht anbräunen, in einen Schmortopf geben, den Speck dazu, mit der Brühe auffüllen. Etwa 60 Minuten bei milder Hitze dünsten lassen. Kohlrouladen herausnehmen, die Brühe mit angerührtem Kartoffelmehl binden, eventuell mit dem sauren Schmand verfeinern und kräftig abschmecken.
Dazu gibt es Salzkartoffeln.

Wruken (Steckrüben)

Diese im Ersten Weltkrieg so zum Überdruß gewordenen Wruken! Aber die Kinder, die von den Mangelerinnerungen frei waren, liebten dieses sanfte, goldgelbe Gemüse und hielten es für etwas ganz Besonderes.

Zutaten

1 kg Wruken
2 Tassen Brühe
4 EL Butter
1 EL Zucker
Salz
Majoran nach Belieben

Zubereitung

Die Wruken (Steckrüben) putzen, schälen, zuerst in Scheiben, dann in Würfel oder Stifte schneiden. Die Butter mit dem Zucker anbräunen. Nun entweder die Wruken in der Butter von allen Seiten rasch Farbe annehmen lassen und mit Brühe aufgießen oder die Butter-Zucker-Mischung mit der Brühe aufgießen und die Flüssigkeit über die Wruken schütten. Etwa 40 Minuten bei niedriger Temperatur dünsten lassen. Gegen Ende der Garzeit mit Salz und Majoran abschmecken. Wir können auch 300 g Kartoffelwürfel gleich zu dem Gericht geben und mit garen lassen, sonst werden Salzkartoffeln extra dazu gereicht. Dazu paßt frisches Bauchfleisch in Scheiben, das in der Pfanne mit etwas Butter langsam geröstet wurde.

Stangenspargel

Zutaten

1 kg Spargel
Salz
1 Prise Zucker
1 EL Butter

Zubereitung

Die Spargelstangen unter fließendem Wasser säubern, dünn schälen und die holzigen Enden abschneiden. Schalen und Endstücke mit kaltem, leicht gesalzenem Wasser bedecken und etwa 20 Minuten ziehen lassen. Brühe durch ein Sieb gießen und wieder zum Kochen bringen, Zucker und einen halben Eßlöffel Butter hinzufügen und den Spargel in etwa 20 bis 25 Minten darin gar kochen.
Mit neuen Kartoffeln und zerlassener Butter servieren. Als Beilage eignen sich geräucherter Schinken oder Koteletts. In Ostpreußen wurde der Spargel auch häufig mit Holländischer Sauce gegessen.

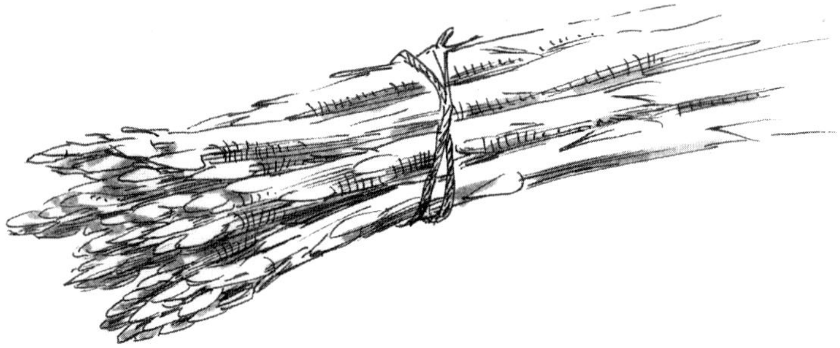

Holländische Sauce

Zutaten

125 g Butter
5 Eigelb
1 TL Mehl
2 EL Zitronensaft oder Weißwein
1–2 EL Brühe
Salz
1 Prise Zucker

Zubereitung

In einem Gefäß, das man ins kochende Wasserbad stellen kann, Eigelb, Zitronensaft oder Weißwein und Mehl gut verquirlen. Topf ins Wasserbad stellen und mit dem Rührgerät oder dem Handmixer weiter durchquirlen, bis die Masse dickflüssig wird. Dann die Butter – entweder zerlassen oder nach und nach in kleinen Stücken – unter ständigem Rühren hinzufügen. Eventuell noch etwas Brühe unterrühren, denn die Sauce soll cremig sein. Vorsichtig mit Salz, Zucker, eventuell etwas Suppenwürze abschmecken. Diese Sauce schmeckt sehr gut zu Spargel, Blumenkohl, Geflügel oder Fisch.

Gestowtes Gemüse

Zutaten

4 EL Butter
500 g Mohrrüben
500 g ausgepalte junge Erbsen
1 Tasse Brühe
2 EL Mehl
1 Prise Zucker
Petersilie

Zubereitung

Zwei Eßlöffel Butter im Topf zerlaufen lassen, die geputzten und in Scheiben, Stifte oder Würfel geschnittenen Mohrrüben sowie die ausgepalten Erbsen darin durchschwenken, salzen, mit der Brühe auffüllen und weich dünsten. Aus der restlichen Butter und dem Mehl eine helle Schwitze machen, mit der Gemüsebrühe auffüllen, bis eine sämige Sauce entsteht, und das Gemüse hineingeben. Mit Petersilie bestreuen.
Auf diese Weise wurden in Ostpreußen auch grüne Bohnen, Wruken, Kohlrabi und Rosenkohl sowie Teltower Rübchen zubereitet.

Mohrrüben

Zutaten

1 kg Mohrrüben (Karotten)
4 EL Butter
4 EL Brühe
2 TL Zucker
1 Bund Petersilie

Zubereitung

Die Mohrrüben putzen, in Scheiben, Würfel oder Stifte schneiden. Butter zerlassen, Zucker leicht karamelisieren lassen, Mohrrüben darin schwenken und mit der Brühe im geschlossenen Topf weich dünsten. Früher wurden die Mohrrüben meist mit etwas übergestäubtem Mehl gebunden oder mit einer Mehlschwitze und etwas Brühe sämig gemacht. Man kann auch ein wenig Flüssigkeit zum Dünsten nehmen und mischt die Mohrrüben zum Schluß mit einem Stich Butter und viel gehackter Petersilie.

Schabbelbohnen mit Schmand

Zutaten

750 g grüne Bohnen
1 Portion Bohnenkraut
300 g geräucherter Bauchspeck
500 g Kartoffeln
1 Tasse Buttermilch
1 Tasse saurer Schmand
1 EL Butter
Salz
Pfeffer
1 Prise Zucker

Zubereitung

Die Bohnen werden geschnippelt (schräg in kleine Stückchen geschnitten), mit dem Bohnenkraut und dem Bauchspeck in einen Topf gegeben, mit kochendem Wasser bedeckt und 10 Minuten gekocht. Dann kommen die geschälten und in Würfel geschnittenen Kartoffeln dazu. Ist das Gericht gar, wird eine rohe, feingeriebene Kartoffel hineingegeben, dann Buttermilch und saurer Schmand. Mit Salz, Pfeffer und Zucker würzig abschmecken und mit der Butter verfeinern. Bauchspeck herausnehmen, in Würfel schneiden und diese wieder zum Gericht geben. Auch eine Kochwurst paßt gut dazu.

Palbohnen

Zutaten

750 g weiße, frische Palbohnen
400 g durchwachsener Räucherspeck oder Pökelnacken
$1^1/2$ l Gemüsebrühe
1 EL Mehl
1 Tasse Buttermilch
$^1/8$ l saurer Schmand
1 TL Bohnenkraut (Pfefferkraut)
Pfeffer
Salz
2 EL Butter
1 Prise Zucker

Zubereitung

Die Bohnen und der Räucherspeck werden mit kochender Brühe bedeckt und in etwa 25 Minuten weich gekocht. Mehl mit Buttermilch anrühren, hineingeben, kochen lassen, dann mit saurem Schmand verfeinern. Salzen, pfeffern und Bohnenkraut hineingeben, noch einige Minuten kochen lassen, dann mit der Butter und Zucker abschmecken. Dazu gibt es Salzkartoffeln.

Bohnen und Birnen

Zutaten

500 g grüne Bohnen
Brühe
2 EL Butter
500 g Kochbirnen
Mehl
Salz
1 Bund Bohnenkraut
1 Prise Zucker
eventuell Essig
300 g geräuchertes Bauchstück

Zubereitung

Die grünen Bohnen waschen und in Stücke brechen, mit kochender Brühe bedecken, einen Eßlöffel Butter und das Bohnenkraut hineingeben und etwa 15 Minuten kochen. Die Birnen nicht schälen, aber waschen, teilen und das Kerngehäuse entfernen. Zu den Bohnen geben und noch etwa 20 Minuten leise kochen lassen, danach das Bohnenkraut herausnehmen. Die restliche Butter in Flöckchen auf das Gericht geben, etwas Mehl überstreuen, unterrühren und gut durchkochen lassen. Mit Salz und Zucker würzig abschmecken. In manchen Gegenden fügte man noch etwas Essig hinzu. Bauchstück aufschneiden, Salzkartoffeln dazu reichen.

Rote-Beten-Gemüse

Zutaten

1 kg Rote Beten
2 EL gewürfelter Speck
1 Zwiebel
2 EL Butter
2 EL Mehl
1 Tasse Brühe
1/8 l saurer Schmand
1 TL Kümmel
1 Prise Zucker
Salz
2 EL Essig

Zubereitung

Die Roten Beten mit der Schale waschen, mit Wasser bedecken und in etwa 40 Minuten weichkochen. Abziehen und in Würfel oder Scheiben schneiden. Aus dem gewürfelten Speck, der gewürfelten Zwiebel, der Butter und dem Mehl eine hellbraune Schwitze machen, mit Brühe ablöschen, mit saurem Schmand verfeinern und mit Zucker, Kümmel, Salz und Essig abschmecken. Die Roten Beten hineingeben.
Dazu gibt es Kartoffelbrei und Bratklops oder Salzkartoffeln und Bratwurst.

Porree

Zutaten

1 kg Porreestangen
4 EL Butter
Salz
1 EL Mehl
3 EL saurer Schmand

Zubereitung

Die Porreestangen gründlich waschen und putzen, Butter im Topf zergehen lassen, die Stangen mit dem noch anhaftenden Waschwasser, in kurze Stücke geschnitten, hineingeben und von allen Seiten andünsten. Leicht salzen. Dann den Deckel fest schließen und den Porree im eigenen Saft in etwa 20 bis 30 Minuten garen. Das Mehl durch ein kleines Sieb streichen und leicht überstäuben, durchrühren, mit Schmand verfeinern und zu dem Gericht Salzkartoffeln reichen.

Das Gemüse paßt gut zu Bratklops oder anderem kurzgebratenen Fleisch (Steak, Schnitzel, Karbonade). Es ist aber auch ohne Fleisch sehr schmackhaft.

Gurkengemüse

Zutaten

1 kg Gemüsegurken
2 EL Essig
Salz
3 EL Butter
3 EL gewürfelter Räucherspeck
2 EL Mehl
1 Bund Dill
1/8 l saurer Schmand
1 Prise Zucker

Zubereitung

Die Gurken schälen, halbieren und die Kerne herauskratzen. Gurken in Streifen, dann in fingerlange Stücke schneiden. Mit dem Essig beträufeln, leicht salzen und beiseite stellen. Aus Butter, Speckwürfeln und Mehl eine helle Schwitze machen, mit dem Gurkenwasser, das sich inzwischen gebildet hat, ablöschen und mit dem sauren Schmand mischen. Gurkenstücke in der dicken Sauce glasig werden lassen, mit Salz und Zucker abschmecken, zuletzt den feingewiegten Dill überstreuen.
Besonders gut schmeckt das Gurkengemüse zu Salzkartoffeln und Bratklops, Karbonade oder Bratwurst.

Sauerkohl

„Mir schwant etwas, mir ist so wohl:
Gibt's mittags Sauerkohl?"
(Wilhelm Busch)

Zutaten

750 g Sauerkohl (Sauerkraut)
3 EL Schmalz
1 Zwiebel
1 Prise Zucker
1 großer säuerlicher Apfel
200 g Speck- oder Schinkenreste
1 Tasse Brühe oder Apfelwein
6 Wacholderbeeren

Zubereitung

Den Sauerkohl mit zwei Gabeln zerpflücken. Im Topf das Schmalz heiß werden lassen, die gewürfelte Zwiebel darin andünsten, dann den Sauerkohl locker einschichten und mehrmals wenden. Den Zucker überstreuen, den geschälten, zerteilten Apfel, die Speckreste und die Wacholderbeeren hineingeben und Brühe oder Wein übergießen. Bei schwacher Hitze in etwa 25 bis 35 Minuten gardünsten.
Sauerkohl wird zu Braten, Bratwurst, Wild mit Salzkartoffeln gereicht.

Rotkohl

Zutaten

1 kg Rotkohl
6 EL Schmalz
2 EL Essig
1 EL Zucker
125 g geräucherter, durchwachsener Speck oder Speckreste
2 säuerliche Äpfel
1 Zwiebel
2 Nelken
1 Tasse Brühe oder Rotwein
eventuell Johannisbeergelee

Zubereitung

Den Rotkohl putzen und in feine Streifen schneiden. Das Schmalz erhitzen, den Rotkohl mit Essig und Zucker mischen und unter Wenden im Schmalz andünsten. Den gewürfelten Speck, die geschälten, geviertelten Äpfel und die mit Nelken gespickte Zwiebel dazugeben. Mit Brühe oder Rotwein übergießen, aufkochen und bei schwacher Hitze in etwa 60 bis 70 Minuten garschmoren lassen. Nach Bedarf wenig Flüssigkeit dazugeben. Wenn das Gericht gar ist, noch einmal kräftig süß-sauer abschmecken und eventuell mit etwas Johannisbeergelee verfeinern. Rotkohl schmeckt zu Braten, Bratwurst, Hackbraten (Falscher Hase), zu Gans und Ente.

Schmorkohl

Zutaten

1 kg Weißkohl
6 EL Schmalz
2 Tassen Brühe
1 kleine Zwiebel
2 Nelken
2 säuerliche, würzige Äpfel
Pfeffer
1 EL Zucker
2 EL Essig
Majoran nach Belieben
eventuell Speck oder Schinkenreste

Zubereitung

Den Weißkohl putzen und in feine Streifen schneiden, im heißen Schmalz andünsten, mit etwas Brühe auffüllen. Die mit Nelken gespickte Zwiebel und die geschälten, geviertelten Äpfel hineingeben. Anschließend mit Pfeffer, Zucker sowie dem Essig mischen und in etwa 50 bis 60 Minuten garschmoren. Bei Bedarf etwas Brühe nachgießen. Man kann auch Speck- oder Schinkenreste mit hineingeben. Zum Schluß noch einmal kräftig süß-sauer abschmecken und nach Belieben mit Majoran würzen. Ein wohlschmeckendes Gemüse, das mit Salzkartoffeln zu Karbonade, Bratwurst, Schweinebraten, Hasenrükken und Gänse- oder Entenbraten gereicht wird.

Geelerkes

Zutaten

750 g Pfifferlinge
3 EL Butter
3 EL gewürfelter Räucherspeck
1 Zwiebel
etwas Mehl
Pfeffer
1 Tasse saurer Schmand
1/2 Bund Petersilie

Zubereitung

Die Pfifferlinge verlesen, sorgfältig putzen, schnell in lauwarmem Wasser abspülen. Die kleinen Pilze ganz lassen und die großen in Stücke schneiden. In der heißen Butter die Speck- und Zwiebelwürfel leicht anbräunen, die Pilze dazugeben und 10 Minuten ohne Wasserzusatz dünsten lassen. Mit etwas Mehl besieben, dieses unterrühren und mit Pfeffer abschmecken. Mit saurem Schmand verfeinern und mit gehackter Petersilie bestreuen.
Mit Weißbrot oder Salzkartoffeln servieren, auch Rührei paßt gut dazu.

Steinpilze

Zutaten

1 kg frische, junge Steinpilze
4 EL Butter
Pfeffer
Salz
etwas Mehl
1 Tasse saurer Schmand

Zubereitung

Die Steinpilze sorgfältig putzen und schnell waschen. Die kleinen werden nur geteilt, bei den großen werden Stiel und Hut getrennt, der Stiel wird abgeschabt, der Hut abgezogen und das schwammige Futter entfernt. Die Butter erhitzen, die Pilze, denen noch etwas Waschwasser anhaftet, in Stücke schneiden, hineingeben und 10 bis 15 Minuten bei schwacher Hitze in einem geschlossenen Topf dünsten. Pfeffern, wenig salzen, mit Mehl bestäuben und mit dem sauren Schmand verrühren. Dazu werden Salzkartoffeln oder Kartoffelbrei gereicht. Nach diesem Rezept können Sie alle Röhrenpilze zubereiten.

Pilzragout

Zutaten

1 kg Mischpilze
1 Zwiebel
3 EL gewürfelter Räucherspeck
3 EL Butter
Pfeffer
Salz
1 EL Mehl
Essig
1 Prise Zucker
1 Tasse saurer Schmand

Zubereitung

Die Pilze verlesen, schnell waschen und gründlich putzen, in Stücke schneiden. Speck- und Zwiebelwürfel in der heißen Butter ganz leicht anbräunen, Pilze dazugeben, in etwa 10 bis 15 Minuten bei geschlossenem Deckel gardünsten. Pfeffern, leicht salzen, mit Mehl überstäuben, mit einigen Tropfen Essig und der Prise Zucker süß-sauer abschmecken und mit saurem Schmand verfeinern. Dazu passen Salzkartoffeln oder Kartoffelbrei sowie Kartoffelkeilchen.

Salate

Hätte man früher einen Ostpreußen gefragt, welche Assoziation ihm bei dem Wort „Salat" käme, so hätte er, ohne lange zu überlegen, geantwortet: „Schmandsalat, Kartoffelsalat und Gurkensalat." – Es gab ja noch nicht die unendliche Fülle von Salatvariationen, wie wir sie heute kennen. Die Vorliebe für Salatmischungen aus allen möglichen Zutaten und Gemüsen aus aller Herren Länder entstand erst später.

Aber wenn man sich in die Erinnerung versenkt, so meint man, der grüne Blattsalat sei besonders knackig, der Gurkensalat besonders frisch und aromatisch, der Kartoffelsalat aus besonders festen, wohlschmeckenden Kartoffeln zubereitet gewesen. Zeigte sich in dieser fast kargen Auswahl auch die Genügsamkeit der Ostpreußen, die Fähigkeit, sich mit dem Gegebenen zu bescheiden und einfach das anzunehmen und zu verwerten, was die Jahreszeiten reichlich zu bieten hatten?

Tomatensalat

Zutaten

8 bis 10 feste Tomaten
2 Zwiebeln
2 EL Öl
2 EL Essig oder Zitronensaft
Pfeffer
Salz
1 Prise Zucker
Schnittlauch
eventuell saurer Schmand
eventuell 1 grüne Paprika

Zubereitung

Die Tomaten waschen, durchschneiden, Stielansatz und Kerne entfernen, in Scheiben oder Streifen schneiden, Zwiebeln würfeln, dazugeben. Sauce aus Öl, Essig oder Zitronensaft, Salz, Pfeffer, Zucker bereiten, mit den Tomaten mischen, eine Weile kühl stellen und mit kleingeschnittenem Schnittlauch überstreuen.

Natürlich kann man, wenn man den Geschmack liebt, auch etwas sauren Schmand unter diese Sauce mischen, man sollte dann das Öl fortlassen. Vorzüglich schmeckt dieser Tomatensalat auch mit einer Zugabe von feinen Paprikastreifen. Das Grün sieht hübsch aus zu dem Rot der Tomaten, der Vitamingehalt wird erhöht. Dann sollte aber der Schnittlauch fortgelassen werden!

Gurkensalat

Gurkensalat gehörte zu den besonders beliebten Salaten. Den Wohlgeruch nach Dill und frischen Gurken gab es ja nur im Sommer und im Herbst. Ein Duft, der an einem heißen Sommertag Erfrischung und Wohlgeschmack verhieß. Und der Höhepunkt bestand für Kinder darin, die zurückgebliebene Salatsauce – unbemerkt – aus der Schüssel zu löffeln!

Zutaten

2 kleine Salatgurken
1/4 l saurer Schmand (oder Joghurt und Milch)
2 EL Essig oder Zitronensaft
1 TL Zucker
1 EL gehackter Dill
eventuell 2 Blättchen gehackter Borretsch

Zubereitung

Die Salatgurke entweder mit der Schale oder geschält in feine Scheiben hobeln. Aus den restlichen Zutaten eine Salatsauce anrühren und süß-sauer abschmecken. Vor dem Anrichten mit den Gurken mischen. Auch hier kann, wie beim Schmandsalat, die Sauce mit Joghurt und Milch anstelle von Schmand zubereitet werden. Dieser Salat ist die klassische Beilage zu gebratenem Hähnchen oder Bratfisch.

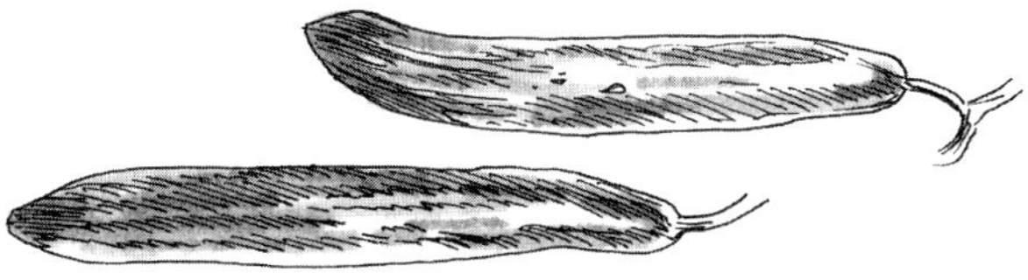

Kartoffelsalat I

Zutaten

1 kg Kartoffeln
1 Tasse Brühe
2 EL Essig
2 EL Öl
1 Zwiebel
Pfeffer
Salz
1 Prise Zucker
1 Bund Schnittlauch

Zubereitung

Kleine, feste Kartoffeln in der Schale kochen, abziehen und in Scheiben schneiden. Brühe, Essig und Öl, dazu die feingewürfelte Zwiebel, etwas Salz, Pfeffer und Zucker einmal kurz aufkochen lassen, in eine angewärmte Schüssel geben und die Kartoffelscheiben hineingeben. Vorsichtig mischen und für einige Stunden kühl stellen.
Beim Anrichten den feingeschnittenen Schnittlauch untermischen und überstreuen.

Kartoffelsalat II

Zutaten

1 kg Kartoffeln
1 Tasse Brühe
1 Zwiebel
Pfeffer
Salz
2 TL Essigfrüchte (Mixed Pickles)
1/2 Paprikaschote
1 saure Gurke
2 EL Bratenreste oder gewürfelte Fleischwurst
2 hartgekochte Eier
1/8 l saurer Schmand
1 TL Mostrich (Senf)

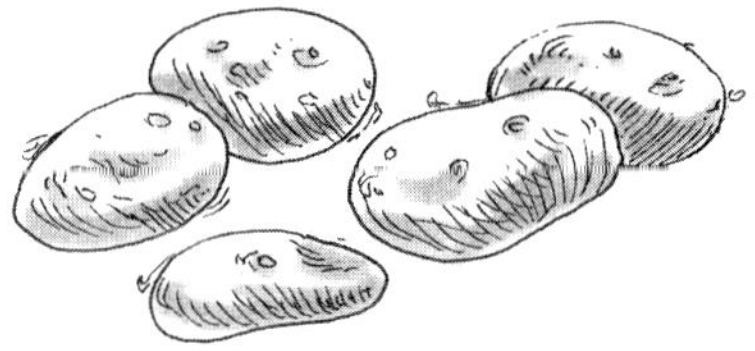

Zubereitung

Den Kartoffelsalat wie im vorigen Rezept vorbereiten, nur das Öl oder Gänsefett und den Essig fortlassen. Brühe mit der feingewürfelten Zwiebel, etwas Salz und Pfeffer einmal kurz aufkochen lassen. Nach dem Erkalten die gewürfelten Essigfrüchte, die saure Gurke, Eier, den Braten oder die Wurst sowie die frische Paprikaschote untermischen. Alles mit dem sauren Schmand und dem Mostrich vorsichtig mischen und noch einmal nach dem Durchziehen abschmecken. Mit Ei-Achteln und Essigfrüchten hübsch garnieren. Bei dieser Mischung sollten Phantasie und Würzkunst ein Fest feiern!

Schmandsalat

Mama Fittig machte grad'
Pfannekuchen mit Salat,
Das bekannte Leibgericht,
Das so sehr zum Herzen spricht.
(Wilhelm Busch)

Zutaten

1 Kopfsalat
1/4 l saurer Schmand (oder Joghurt und Milch)
2 EL Zitronensaft
1 TL Zucker
Salz
3 EL frische Kräuter (Petersilie, Schnittlauch, Dill)

Zubereitung

Vom grünen Salat nur die harten äußeren Blätter entfernen, die anderen Blätter rasch unter fließendem Wasser waschen, trocken schleudern. Die Blätter in handliche Stücke teilen, die größeren Rippen kleinschneiden. Salat in eine Schüssel oder in Schälchen geben und erst kurz vor dem Essen mit der Sauce übergießen. Hierfür den sauren Schmand mit Zitronensaft verquirlen, mit Salz und Zucker abschmecken und die gehackten Kräuter untermischen.
Der Schmandsalat gehört zu den beliebtesten Frischsalaten der ostpreußischen Küche! Natürlich läßt sich der Schmand auch durch ein Gemisch aus Joghurt und Milch ersetzen. Dann sollte man die Sauce eine halbe Stunde nachdicken lassen.

Fleischsalat

Zutaten

500 g gekochter Schinken, Bratenreste oder Fleischwurst
2 saure Gurken
100 g eingelegter Knollensellerie
2 säuerliche Äpfel
1 kleine grüne Paprikaschote
1/2 Tasse Brühe
4 EL Mayonnaise
1 Tasse saurer Schmand
2 EL Essig
1 TL Senf
1 Prise Zucker
Pfeffer
Salz

Zubereitung

Den mageren Schinken, das Fleisch oder die Wurst in Würfel oder feine Streifen schneiden, ebenso die sauren Gurken, Sellerie, die Äpfel und die Paprikaschote. Mit der heißen Brühe übergießen und eine Weile stehen lassen. Die Mayonnaise mit dem sauren Schmand und Essig verrühren, den Senf, Zucker, Salz und Pfeffer nach Geschmack dazugeben. Alles mit dem Salat mischen und kühl stellen. Garnieren mit geviertelten harten Eiern, Paprikastreifen, Tomatenachteln. Je nach Vorrat und Geschmack lassen sich die Zutaten beliebig verändern.

Geflügelsalat

Zutaten

500 g gekochtes Geflügelfleisch
2 Äpfel
Saft einer halben Zitrone
1 kleine Dose feines Mischgemüse
200 g Champignons
4 EL Mayonnaise
1/2 Tasse saurer Schmand/Joghurt
1 EL Mostrich (Senf)
Pfeffer
Zucker
1 kleine Pfeffergurke
einige Salatblätter
4 Walnüsse

Zubereitung

Das ausgelöste Fleisch und die Äpfel in kleine Würfel oder Streifen schneiden, mit dem Zitronensaft marinieren. Die Gemüse und die Pilze dünsten oder erhitzen, zerkleinern und auf das Fleisch geben. Die Mayonnaise mit dem sauren Schmand (oder Joghurt) mischen, dazu den Mostrich, die feingeschnittene Gurke und die Gewürze geben. Alles vorsichtig mischen und kühl stellen. Bei festlichen Gelegenheiten auf jeden Teller ein mit Zitronensaft beträufeltes Salatblatt geben, den Geflügelsalat daraufgeben und mit gehackten Walnüssen bestreuen.

Heringssalat

Zutaten

500 g Kartoffeln
6 Eier
300 g Bratenreste oder Fleischwurst
6 gut gewässerte Heringsfilets
2 säuerliche Äpfel
2 kleine saure Gurken
2 Zwiebeln
1 Tasse Brühe
4 EL Mayonnaise
1/8 l saurer Schmand
1 TL Mostrich (Senf)
Pfeffer
Zucker
Essig

Zubereitung

Die Kartoffeln kochen, abziehen, in Würfel schneiden. Eier hart kochen, vier davon würfeln. Braten oder Fleischwurst, Heringe, Äpfel, Gurken und Zwiebeln würfeln. Mit der heißen Brühe übergießen, kalt stellen. Mayonnaise mit dem Schmand verrühren, Mostrich und Gewürze hineinrühren, kräftig mit Essig abschmecken, alle Zutaten vorsichtig mischen. Gut durchziehen lassen (am besten über Nacht), noch einmal abschmecken und mit Ei-Achteln, Tomaten, Radieschen, Zitronenscheiben hübsch garnieren.

Fischsalat

Zutaten

1 kg Zander, Hecht oder Schellfisch
Fischgewürz
Saft einer Zitrone
Pfeffer
Salz
1 säuerlicher Apfel
1 kleine Pfeffergurke
1 Röhrchen Kapern
4 EL Mayonnaise
1 Tasse saurer Schmand
3 EL Kräuter (Petersilie, Schnittlauch, Dill)
1 TL Mostrich (Senf)
1 Prise Zucker
eventuell Krabben

Zubereitung

Den Fisch mit Fischgewürz in wenig siedendem Wasser eben gar ziehen lassen, enthäuten, entgräten und in kleine Stücke zerpflücken. Mit Zitronensaft marinieren, leicht salzen und pfeffern. Apfel und Gurke fein würfeln, untermischen, Kapern dazugeben. Mayonnaise mit dem Schmand, den gehackten Kräutern, dem Mostrich mischen und fein abschmekken. Den Fisch hinzugeben, vorsichtig unterheben und kalt stellen. Der Salat kann mit einer Handvoll frischer Krabben sehr verfeinert werden. Dazu gibt es Toast und ein Glas kühlen Weißwein.

Sellerie-Apfelsalat

Zutaten

2 Knollen Sellerie
3 EL Weinessig
2 EL Öl oder 1 Tasse saurer Schmand
1 Prise Zucker
Salz
2 Äpfel

Zubereitung

Die Sellerieknollen waschen, schälen, mit dem Buntmesser in Scheiben oder Würfel schneiden, in wenig Wasser mit Essig (und Öl, wenn wir keinen Schmand nehmen) dünsten, salzen und den Zucker untermischen. Die Äpfel raspeln und unter den Sellerie geben, den sauren Schmand unterziehen und noch einmal abschmecken, einige Stunden kühl stellen.

Rote-Bete-Selleriesalat

Zutaten

1 Knolle Sellerie
2 Rote Beten
3 EL Weinessig
1 Prise Zucker
Salz
1 Tasse saurer Schmand

Zubereitung

Die Sellerieknolle waschen, schälen, mit dem Buntmesser in Scheiben oder Würfel schneiden, in wenig Wasser mit Essig dünsten. Salz und Zucker untermischen. Gewaschene Rote Beten separat gardämpfen oder kochen, abziehen, stifteln und unter den Sellerie mischen. Zuletzt mit saurem Schmand verfeinern (es kann auch Joghurt sein), noch einmal abschmecken und kühl stellen.

Mohrrübensalat

Zutaten

400 g Mohrrüben (Karotten)
2 EL Öl
2 EL Essig oder Zitronensaft
1/2 TL Zucker
1 EL gehackte Kräuter
eventuell 1 Tasse saurer Schmand

Zubereitung

Die Mohrrüben (Karotten) waschen, dünn schälen und raspeln oder reiben. Öl, Essig, Zucker und Kräuter für die Salatsauce gut verrühren und die Mohrrüben hineingeben. Noch einmal abschmecken. Alternativ kann man eine Sauce aus saurem Schmand, Essig, Kräutern und Zucker herstellen. Rasch servieren, damit die Vitamine erhalten bleiben.

Bohnensalat

Zutaten

750 g Wachsbohnen
1 Zwiebel
3 EL Essig
3 EL Öl (oder 1 kleine Tasse saurer Schmand)
1 Prise Zucker
Pfeffer
Salz
Bohnenkraut (Pfefferkraut) oder Petersilie

Zubereitung

Die Wachsbohnen putzen, in fingerlange Stücke brechen, in leicht gesalzenem Wasser garkochen. Bohnen aus der Dose erhitzen, Wasser abgießen. Zwiebel fein würfeln, die heißen Bohnen mit den übrigen Zutaten gründlich mischen, für einige Zeit kühl stellen. Das Öl kann man auch durch sauren Schmand ersetzen. Nach Belieben mit etwas gerebeltem Bohnenkraut (Pfefferkraut) oder gehackter Petersilie würzen.

Sauerkohlsalat

Zutaten *500 g Sauerkohl*
2 Äpfel
2 EL Öl
1 EL Zitronensaft
1 Prise Zucker

Zubereitung Sauerkohl kleinschneiden, Äpfel raspeln oder reiben, mit den anderen Zutaten mischen und einige Stunden kühl stellen.
Nach ostpreußischer Art kann man den Salat auch mit einer Tasse saurem Schmand anmachen, dann kommen eine geriebene Zwiebel und etwas Zucker dazu. Die Äpfel können auch durch Ananasstücke (frisch oder aus der Dose) ersetzt werden.

Fleisch, Wild und Geflügel

Land der dunklen Wälder und kristallnen Seen" – so beginnt das Ostpreußenlied, das die Schönheiten dieses Landes beschreibt. Die geschilderten dunklen Wälder beispielsweise waren ein Eldorado für Wild aller Art. Selbst heute noch scheuen passionierte Jäger nicht die weite Anreise, um in den masurischen Wäldern oder der Rominter Heide auf die Jagd zu gehen. Aber damals wie heute gehörten Rehbraten, Hirschsteaks und Hasenrücken zu den besonderen Festessen. Vor dem Krieg war die Jagd noch kein beliebter Sport, wie sie es heute ist. In diesem Land der großen Herrensitze, Rittergüter und Gutshöfe waren die Einladungen zu Jagden auf dem Lande im Herbst und Winter der Mittelpunkt des gesellschaftlichen Lebens. Aber auch die Stadtbevölkerung durfte vom Jagdglück der Gastgeber und ihrer Gäste profitieren. In den großen Wild-, Geflügel- und Delikatessengeschäften der Städte hingen Rehe, Hasen, Wildenten, Rebhühner und Fasane – noch in ihrem Fell- und Federkleid – an den Wänden oder manchmal auch auf Ständern vor dem Laden.

Natur, Natur – so weit das Auge reichte. Auf den satten Weiden grasten Kühe, Ochsen und Kälbchen, in den Schweinekoben suhlten sich die Schweine wohlig in Wasser und Matsch. Das war ein erfülltes Tierleben, bevor Gewicht, Fettanteil und (kurze) Lebensdauer strikt reglementiert wurden.

Auf den Dorfweihern schwammen Gänse und Enten, wenn sie nicht auf großen Wiesen von Dorfkindern gehütet wurden. In großen Hühnerställen lebten Hühner und Hähne in froher Gemeinschaft, und es war auch durchaus möglich, das Federvieh auf dem Hof frei herumlaufen zu lassen. Von den Geflügelsorten wurde das Huhn in der Küche Ostpreußens am häufigsten verwendet. War das gebratene Huhn ein rechter Sonntagsbraten, so konnte man aus dem gekochten Huhn eine wunderbare Suppe zubereiten. Der Winter war dann Gänse- und Entenzeit. Es duftete aus den Küchen nach Gebratenem und dem dazugehörigen geschmorten Rotkohl, nach Äpfeln und Majoran, womit die großen Vögel gefüllt wurden.

Königsberger Klopse

Die Königsberger Klopse sind wohl das berühmteste Gericht der ostpreußischen Küche. Allerdings sollte man sich die Mühe machen, sie auch wirklich nach ihrem Originalrezept zuzubereiten, und dazu gehört Kalbfleisch. Sonst ist es so wie beim Wiener Schnitzel und dem Schnitzel Wiener Art, die letztlich nur ein Namenselement gemein haben, aber keinesfalls den Geschmack.

Zutaten

250 g Schweinehack
250 g Kalbshack
4 EL Butter
2 Eigelb
Salz
Pfeffer
2 Zwiebeln
2 kleine Brötchen
3/4 l Brühe
5 Pfefferkörner
2 EL Mehl
1 Glas Weißwein
1 Röhrchen Kapern
Saft einer Zitrone
etwas saurer Schmand
eventuell Sardellenpaste

Zubereitung

Das Hackfleisch mit einem Eßlöffel geschmolzener Butter, einem Eigelb, Salz, Pfeffer, einer in Butter gedünsteten feingeschnittenen Zwiebel, den eingeweichten und ausgedrückten Brötchen und mit Wasser oder Würfelbrühe (bis zu einer Tasse) gut durcharbeiten und zu 10 bis 12 Kugeln formen. Von 3/4 l Wasser mit Knochen oder Brühwürfel, Zwiebel, Pfefferkörnern und Salz eine Brühe kochen, durchsieben und in der köchelnden Brühe die Klopse in etwa 10 bis12 Minuten garziehen lassen. Von drei Eßlöffeln Butter und dem Mehl eine helle Mehlschwitze machen, mit der Brühe aufgießen, mit Wein und Zitronensaft verfeinern und mit saurem Schmand und Zucker abschmecken. Mit Eigelb abziehen, Kapern und Klöße hineingeben und nicht mehr kochen!

Dazu schmecken mehlige Salzkartoffeln, Gewürzgurken oder Rote Bete. Wer den Geschmack liebt, kann der Fleischmasse etwas Sardellenpaste beigeben.

Der Mops

Ich hätte einen netten Mops,
Der war nicht hier aus unsrer Gegend;
Er fraß nicht Keenigsberger Klops
Und ging nich aus, hätt es geregnet.
Er könnt nich dienen, könnt nich springen,
Er könnt rein nichts, mein netter Mops;
Doch ärgert mir vor allen Dingen:
Er fraß nicht Keenigsberger Klops!

Ich ließ ihm hungern an drei Wochen,
Da sah er wie e Windhaund aus;
Er hätte nuscht wie Haut und Knochen –
Nu ward es aber mir zu kraus!
Ich ließ ihm wieder Klöpse kochen –
Er schniffelt dran, mein netter Mops,
Und denkt: ich hunger noch drei Wochen,
Ich freß nicht Keenigsberger Klops!

Na, is das denkbar, dacht ich mir,
Daß so e Tier das nich will fressen,
Und wirm wir Keenigsberger wir,
Wir kennen gar kein beßres Essen!
Auch Fleck setzt ich ihm vor – er fraß nich –
Zu dammlig war mein netter Mops –
Er könnt nich sitzen mehr, er saß nich
Und fraß nich Keenigsberger Klops!

Nu könnt ich länger mir nich halten:
Ich klemmd ihm fest mit meine Knie
Und stobbd ihm Klops in alle Falten;
Nu mißd er schlucken, wie noch nie!
Dem andern Tag, 's ist nicht zu denken –
Da war er tot, mein netter Mops –
Warraft'gen Gott! Man mir zu kränken,
Starb er an Keenigsberger Klops!

Robert Johannes

Zodderklops

Zutaten

2 große Zwiebeln
500 g mageres Schweinehack
2 EL Schmalz
750 g Pellkartoffeln
Salz
2 EL Majoran
Pfeffer

Zubereitung

Die Zwiebeln fein hacken und mit dem Hackfleisch im heißen Schmalz andünsten, bis die Masse krümelig wird. Zu diesem Zweck mit zwei Gabeln oder Holzlöffeln die Masse immer wieder »zoddern«, das heißt auseinanderreißen und hin und her bewegen. Die geschälten Pellkartoffeln in Scheiben schneiden, leicht salzen und zu dem Zodderklops geben, alles gut durchbraten, mit Majoran und schwarzem Pfeffer aus der Mühle würzen.

Zwiebelklops

Zutaten

4 fingerdicke Scheiben Rumpsteak, gut abgehangen
Butter zum Braten
Salz
5 große Zwiebeln
2 EL Butter
1/8 l Rinderbrühe
1/8 l saurer Schmand
2 TL Stärkemehl
Pfeffer

Zubereitung

Das Fleisch in Butter braten und leicht salzen, anschließend warm stellen. In einer zweiten Pfanne die in Scheiben geschnittenen Zwiebeln mit zwei Eßlöffeln Wasser und der Butter weichdünsten, ohne daß sie bräunen. Bratensatz mit Rinderbrühe lösen, mit saurem Schmand aufgießen, mit Stärkemehl binden und mit Salz und Pfeffer abschmecken.
Fleischscheiben mit den Zwiebelringen bedecken und alles mit der Sauce übergießen. Dazu Salzkartoffeln und süß-sauer abgeschmeckten Weißkohl reichen.

Pfefferklops

Zutaten

4 Scheiben (je 125 g) gut abgehangenes Rindfleisch aus der Kugel
1 EL Schweineschmalz
4 EL Butter
2 EL Mehl
1/8 l Rinderbrühe
3 Zwiebeln
1 Portion Suppengrün
4 Gewürzkörner (Piment)
1/2 Lorbeerblatt
1 Glas Rotwein
1 Prise Zucker
Salz
Pfeffer
eventuell Kartoffelmehl

Zubereitung

Fleisch im Schweineschmalz von beiden Seiten anbräunen, anschließend herausnehmen und zur Seite stellen. Drei Eßlöffel Butter hinzufügen, mit dem Mehl eine braune Schwitze bereiten und mit Rinderbrühe auffüllen. Zwiebelscheiben und kleingeschnittenes Suppengrün in der restlichen Butter dünsten, anschließend das Lorbeerblatt und die Gewürzkörner in die Sauce geben und kurz aufkochen. Fleisch hinzufügen und das Gericht fest abgedeckt in 50 bis 60 Minuten gar werden lassen. Falls nötig, kann man die Sauce noch mit in Brühe oder Wasser angerührtem Kartoffelmehl andicken. Mit Rotwein, Zucker, Salz und reichlich frisch gemahlenem Pfeffer abschmecken. Sauce durch ein Sieb passieren.
Das Fleisch mit Salzkartoffeln oder Kartoffelbrei, eingemachtem Kürbis oder Gewürzgurken servieren.

Dämpfkarbonade

Zutaten

4 Koteletts oder Scheiben aus der Schweineschulter
4 Zwiebeln
Salz
6 Pfefferkörner
2 EL getrockneter Majoran
2 TL Kartoffelmehl
2 EL saurer Schmand
Kümmel nach Geschmack
Pfeffer

Zubereitung

Koteletts in wenig siedendem Wasser in einer großen Pfanne ankochen, bis das Wasser verdampft und das Fett ausgekocht ist. Dann im eigenen Fett leicht anbräunen lassen. Die gewürfelten Zwiebeln mit andünsten lassen und so viel heißes Wasser zugießen, daß die Fleischstücke gerade bedeckt sind, etwas Salz und die Pfefferkörner hineingeben. Mit einem Deckel verschließen und das Gericht bei milder Hitze in 50 bis 60 Minuten gardämpfen lassen. Koteletts warm stellen, die Sauce durchrühren, mit Majoran würzen, mit Kartoffelmehl und saurem Schmand andicken. Mit Salz und Pfeffer abschmekken, eventuell etwas Kümmel dazugeben. Fleisch noch einmal hineingeben und heiß servieren.
Dazu gibt es frischen Kartoffelbrei und Salat oder mehlige Salzkartoffeln und Gewürzgurken.

Leber mit Äpfeln und Majoran

Je nachdem, welche Leber man verwendet, variiert die Raffiniertheit des Gerichts. Am feinsten gelingt es natürlich mit Kalbsleber, aber auch mit Rinder- oder Schweineleber ist es überaus köstlich.

Zutaten

4 aromatische, säuerliche Äpfel
4 EL Butter
Pfeffer
1 EL Majoran
4 Scheiben Leber (vom Rind, Kalb oder Schwein)
etwas Mehl
2 Zwiebeln

Zubereitung

Die Äpfel vierteln und schälen, Kerngehäuse entfernen. In einer Deckelpfanne oder Kasserole zwei Eßlöffel Butter zerfließen lassen. Die Äpfel leicht pfeffern, mit dem Majoran bestreuen und auf schwacher Hitze in der Butter dünsten lassen, bis sie gar und aufgeplustert sind. Warm stellen. Die Leberscheiben von Haut und Sehnen befreien, gut abtrocknen, pfeffern, mit Mehl leicht bestäuben und in der restlichen heißen Butter auf beiden Seiten rasch braten (das dauert 8 bis 12 Minuten). Ab und zu die Scheiben mit der Butter begießen. Die Zwiebelscheiben, wenn die Pfanne groß genug ist, mitbraten, sonst vor dem Braten der Leber für sich in Butter goldbraun rösten und im letzten Augenblick mit in die Pfanne geben. Das Gericht mit Kartoffelbrei und den Majoran-Äpfeln servieren.

Bratwurst in Bier

Zutaten

4 große oder 8 kleine Kalbsbratwürste
1/4 l Brühe
1/8 l dunkles Bier
2 Gewürznelken
3 Gewürzkörner (Piment)
1 Lorbeerblatt
1 Petersilienwurzel
1 Zwiebel
1 Stück Sellerie
50 g Pfefferkuchen (gewürzter Lebkuchen)
1 EL Kartoffelmehl
1 Prise Zucker
Salz
etwas Zitronensaft
1 EL Butter

Zubereitung

Die Bratwürste mit kochendem Wasser überbrühen. Die Brühe und das Bier mit den Gewürzen und der kleingeschnittenen Petersilienwurzel, der in Scheiben geschnittenen Zwiebel und dem gewürfelten Sellerie gut durchkochen. Die Würste hineingeben und 15 Minuten leise sieden lassen. Wurst herausnehmen, Brühe durch ein Sieb gießen, den aufgelösten Pfefferkuchen hineingeben und die Sauce mit Kartoffelmehl binden. Mit Zucker, Salz und Zitronensaft abschmecken, die Butter hineingeben und die Würste noch einmal darin warm werden lassen. Dazu Kartoffelbrei und Rote Bete reichen.

Kalbfleisch in Bier

Zutaten

750 g Kalbfleisch (Schulter, Hals oder Brust)
1/2 l Wasser
4 Gewürzkörner (Piment)
1 Portion Suppengemüse
1 Tasse Braunbier
1 Zwiebel
4 Nelken
1/2 Lorbeerblatt
1/8 l Rinderbrühe
40 g Pfefferkuchen (gewürzter Lebkuchen)
1 TL Kartoffelmehl
Salz
Pfeffer
1 Prise Zucker
etwas Zitronensaft

Zubereitung

Das Kalbfleisch mit kochendem Wasser bedecken, eine Prise Salz, die Gewürzkörner und das zerkleinerte Suppengemüse hinzufügen. In etwa 40 bis 50 Minuten gar werden lassen, anschließend die Brühe durch ein Sieb gießen. Das Fleisch von Knochen, Häuten und Sehnen befreien und in Scheiben schneiden. Die Brühe wieder zum Kochen bringen, das Bier hineingeben, die mit Nelken gespickte Zwiebel und das Lorbeerblatt hinzufügen. Nach 20 Minuten Kochzeit wieder durch ein Sieb geben, aufkochen und den in wenig warmer Brühe aufgelösten Pfefferkuchen dazugeben. Mit dem Kartoffelmehl binden, mit Salz und Pfeffer, Zucker und Zitronensaft abschmecken, das Fleisch hineingeben. Dazu serviert man Salzkartoffeln und frischen Salat.

Falscher Hase

Der „Falsche Hase“ war ein beliebter Sonntagsbraten in Ostpreußen. Die Köchin hatte ihn, wie einen richtigen Hasen, sorgfältig mit der Spicknadel, in die längliche Speckstreifen eingezogen wurden, gespickt. Mit einer Schmand-Sauce war dieses Gericht etwas ganz Besonderes. Der Braten- und Schmandduft, der an manchem Sonntagmittag das Haus vielversprechend durchzog, war einzigartig.

Zutaten

250 g Schweinehack
250 g Rinderhack
1 Ei
3 EL Paniermehl oder eingeweichtes Brötchen
1 TL Mostrich (Senf)
1 Zwiebel
4 EL Butter
Paniermehl
durchwachsener Speck nach Belieben
1/4 l Brühe
1 Beutel getrocknete Pilze
1 EL Kartoffelmehl
1/8 l saurer Schmand
Pfeffer
1 Prise Zucker
Paprikapulver

Zubereitung

Das Hackfleisch mit Ei, Brötchen oder Paniermehl, Mostrich, Salz, Pfeffer, der gewürfelten, in Butter angedünsteten Zwiebel, zwei Eßlöffeln geschmolzener Butter und etwas Wasser gut mischen. Länglich wie ein Brot formen und in Paniermehl wälzen. Speckscheiben im Kochtopf ausbraten, herausnehmen, die restliche Butter zum Speckfett geben und den Braten leicht von allen Seiten anbräunen. Etwas heißes Wasser oder Brühe angießen und die

Speckscheiben wieder hineinlegen. Den Braten in etwa 60 Minuten im verschlossenen Topf gar werden lassen, nach Bedarf Wasser oder Brühe nachgießen. Fleisch herausnehmen und warm stellen. Die eingeweichten Pilze mit dem Einweichwasser zur Brühe geben, nach Bedarf mit Wasser auffüllen, mit Kartoffelmehl binden, mit saurem Schmand, Pfeffer, Salz, Zucker und etwas Paprikapulver pikant abschmekken. Dazu passen alle Gemüse.

Jagd in Ostpreußen

Es gibt wohl kaum einen europäischen Jäger, dem bei der Erwähnung Ostpreußens nicht die Augen leuchten. Die wald- und seenreiche Landschaft gehört heute noch zu den wald- und wildreichsten Gebieten Mitteleuropas. Am bekanntesten ist wohl Masuren und die masurische Seenplatte, eine einzigartige Landschaft voller Ruhe, dünn besiedelt und sehr wildreich. Weltberühmt ist auch Rominten mit der Rominter Heide. Hier ist das Rotwild sehr verbreitet und man trifft die kapitalsten Hirsche, aber auch Schwarzwild in großer Zahl. Das Elchwild war in seinem Vorkommen früher auf die Gebiete der Frischen und der Kurischen Nehrung beschränkt, ist aber heute fast überall in Ostpreußen anzutreffen, ebenso wie die Wölfe, die hier noch eine Heimat haben.

Rominten war bis zum Zweiten Weltkrieg das wohl berühmteste Jagdrevier Ostpreußens. Dort fanden sich riesige Kiefern- und Fichtenwälder mit undurchdringlichem Unterholz, große Wildwiesen, fischreiche Seen, klare Flüsse und Bäche – wahrhaft ein Eldorado fürs Wild. Noch heute stellen vier Hirschgeweihe aus der Gegend von Rominten die bedeutendsten Jagdtrophäen im Deutschen Jagdmuseum in München dar.

Der Wildreichtum Ostpreußens fand seinen Niederschlag auch in der Küche des Landes: Zahlreiche Wildrezepte waren von daher auf ostpreußischen Speisekarten zu finden und die Hausfrauen verstanden sich aufs Beste auf die Zubereitung allerlei köstlicher Spezialitäten.

Richard Neveling

Rehkotelett mit Champignons

Zutaten

8 kleine Koteletts aus dem Rehrücken
4 EL Butter
250 g Champignons
Pfeffer
Salz
2 EL geriebener, milder Käse
4 EL saurer Schmand

Zubereitung

Koteletts in zwei Eßlöffeln heißer Butter rasch anbraten, salzen, mit der gebratenen Seite nach unten in eine feuerfeste Form legen. Inzwischen die fein geschnittenen Pilze in der restlichen Butter leicht andünsten und mit Pfeffer bestreuen. Die Pilze auf die Koteletts geben und mit dem geriebenen Käse bestreuen. Darauf den sauren Schmand geben und das Gericht im Ofen überbacken, bis der Käse zerfließt.

Wildfleisch-Klößchen

Nach opulenten Wildessen kam am nächsten Tag oft dieses Gericht auf den Tisch, in dem man das übriggebliebene Fleisch ganz wunderbar verarbeiten konnte. Das Gericht läßt sich natürlich auch mit frischem Fleisch zubereiten.

Zutaten

250 g gehacktes rohes oder gares Wildfleisch (Hase, Reh, Hirsch oder Wildschwein)
3 EL Paniermehl
2 Eier
2 EL Butter
Salz
Pfeffer
heiße Wildbrühe

Zubereitung

Das durch den Fleischwolf gedrehte Wildfleisch (auch Bratenreste können verwendet werden) mit dem Paniermehl, den Eiern, der geschmolzenen Butter, Salz und Pfeffer zu einer geschmeidigen Masse kneten. Mit feuchten Händen kleine Klößchen formen und in Wildbrühe oder heißem Wasser garziehen lassen. Vorzügliche Einlage für klare oder gebundene Wildsuppen.

Pikantes Wildragout

Zutaten

750 g Kleinfleisch vom Wild
(Hase, Reh, Hirsch, Wildschwein)
1 Zwiebel
5 EL Butter
1 Tasse Brühe
125 g frische oder 1 Beutel getrocknete, eingeweichte Pilze
1 Portion Suppengemüse
100 g durchwachsener Räucherspeck
1 Lorbeerblatt
5 Wacholderbeeren
etwas Zitronensaft
1 Glas Rotwein
1 EL Mehl
eventuell 1 Prise Zucker

Zubereitung

Das in mundgerechte Stücke geschnittene Fleisch mit der gewürfelten Zwiebel und dem gewürfelten Räucherspeck in zwei Eßlöffel Butter bräunen, eine Tasse Wasser oder Wildbrühe angießen, aufkochen. Die (eingeweichten) Pilze, das geschnittene Suppengemüse und die Gewürze dazugeben, etwa 90 Minuten schmoren lassen. Mit etwas Zitronensaft und dem Rotwein säuern. Aus der restlichen Butter und dem Mehl eine braune Schwitze machen, mit der Brühe auffüllen und kräftig, eventuell mit Zucker, würzen.

Hasenbraten

Zutaten

1 gut abgehangener Hase
150 g Butter
125 g durchwachsener Räucherspeck
1/4 l saurer Schmand
6 Wacholderbeeren
etwas Brühe
1 EL Kartoffelmehl
Salz
Pfeffer

Zubereitung

Rücken und Keulen abtrennen. Die Vorderläufe, der Hals, alle kleineren Fleischteile, die nach dem Abtrennen der Keulen und des Rückens übrigbleiben, werden mit kaltem Wasser bedeckt und zu einer Brühe ausgekocht. In der Bratenpfanne die Butter erhitzen, die beiden Keulen rundherum bräunen und bei milder Hitze 15 Minuten braten lassen. Dann kommt der Rücken in die Pfanne und wird ebenfalls leicht angebräunt. Rücken und Keulen salzen und pfeffern, mit dünnen Speckscheiben belegen und die Pfanne in den vorgeheizten Ofen schieben. In etwa 50 Minuten ist der Braten gar. Wenn die Butter zu stark bräunt, etwas Brühe dazu gießen, in den letzten 10 Minuten sauren Schmand und Wacholderbeeren hinzufügen. Das Fleisch auf einer Platte in den abgestellten Ofen schieben, die Sauce nach Bedarf mit etwas Brühe aufgießen, mit dem Kartoffelmehl andicken und würzig abschmecken.

Rehkeule in Schmand

Der milde Geschmack der Rehkeule wird durch das zwei- bis dreitägige Einlegen in Buttermilch erzielt.

Zutaten

1 Rehkeule (etwa 1,5 kg)
1 TL Salz
1 l Buttermilch
1 Zwiebel
2 Gewürznelken
1/2 Lorbeerblatt
5 Gewürzkörner (Piment)
6 Wacholderbeeren
125 g durchwachsener Räucherspeck
Pfeffer
100 g Butter
1/4 l saurer Schmand
1 EL Kartoffelmehl
etwas Rotwein
Salz

Zubereitung

Die gut abgehangene Rehkeule in eine Marinade aus Buttermilch, Salz, der mit Gewürznelken gespickten Zwiebel, dem Lorbeerblatt und den Gewürzkörnern legen, nach zwei bis drei Tagen abtrocknen, enthäuten und entfetten. Das Fleisch mit Salz und zerstoßenen Wacholderbeeren einreiben, mit Speckscheiben umwickeln und pfeffern. In die Bratpfanne zwei Eßlöffel Butter geben und die Keule mit der Oberseite nach unten hineinlegen. In den vorgeheizten Ofen schieben, in etwa 90 bis 120 Minuten unter Wenden und Begießen mit der restlichen zerlassenen Butter gar und braun werden lassen. In den letzten 10 Minuten nach und nach den Schmand dazugeben. Die Keule noch 10 Minuten im abgestellten Ofen ruhen lassen. Währenddessen die Sauce mit Kartoffelmehl binden und mit Rotwein, Zucker und Salz abschmecken.

Rominter Wildpastete

Zutaten

650 g bereits gebratenes Rehfleisch
1/8 l Madeira
250 g frisches Fleisch von Hase oder Reh
250 g frisches Schweinefleisch
400 g durchwachsener Räucherspeck
8 Schalotten
50 g Trüffeln oder Champignons
4 EL Butter
Pfeffer
Thymian
Paniermehl

Zubereitung

Das gebratene Rehfleisch in Würfel schneiden und in den Madeira legen. Das übrige Fleisch und 200 g Räucherspeck durch den Fleischwolf drehen. Die feingehackten Schalotten in Butter glasig werden lassen, die feingehackten Pilze anbräunen und hinzufügen. Die Fleischmasse mit den marinierten Bratenstücken und Pfeffer, Thymian (Salz nach Bedarf) gut mischen, kräftig abschmecken. Pastetenform mit Deckel oder Puddingform einfetten, mit dem Paniermehl ausstreuen, die Fleischmasse fest hineindrücken, mit dem restlichen, in Streifen geschnittenen Speck belegen und verschließen. Im heißen Wasserbad, wobei die Form nur zu 3/4 im Wasser stehen darf, in 60 bis 70 Minuten garen. Deckel abnehmen, Fett abgießen, Pastete stürzen und in Scheiben schneiden.
Warm mit Gemüse und Salzkartoffeln, kalt mit Toast und Butter servieren.

Kaninchen mit Porree

Zutaten

1 Kaninchen
3 EL Butter
Pfeffer
Salz
3 Stangen Porree (Lauch)
1 TL Mehl
Petersilie
3 EL saurer Schmand
Salz

Zubereitung

Das Kaninchen in Stücke teilen, diese in der heißen Butter rundum anbräunen, salzen und pfeffern, zuletzt Herz und Leber dazugeben. Den gründlich gesäuberten Porree in 4 cm lange Stücke schneiden, mit dem noch anhaftenden Wasser in den Topf geben, salzen, das Gericht etwa 25 Minuten im fest geschlossenen Topf garen. Falls es zuviel Flüssigkeit enthält, mit dem Mehl bestäuben und noch einmal durchkochen, mit Pfeffer würzen, mit zerkleinerter Petersilie bestreuen und mit saurem Schmand verfeinern.

Wildschweinbraten

Damit der Wildschweinbraten zu einem wahren Gedicht wird, sollte das Fleisch zwei bis drei Tage in Buttermilch oder einer Marinade eingelegt werden.

Zutaten

1–1,5 kg Wildschwein (Keule oder Rücken)
1 l Buttermilch (oder Marinade aus 1/4 l Weinessig, 1/4 l Wasser, 1/4 l Rotwein, 1 TL Salz, 1 Zwiebel)
Pfeffer
Thymian
2 Wacholderbeeren
50 g Butter zum Beschöpfen
100 g Butter
250 g geriebenes Schwarzbrot
35 g Zucker
1 Prise Zimt
1 Prise Nelkenpfeffer
Salz
2 EL Kartoffelmehl
etwas Rotwein
1/8 l Schmand
Zucker

Zubereitung

Das Fleisch für zwei bis drei Tage in einem Steintopf in Buttermilch oder in die aufgekochte, abgekühlte Marinade legen, ab und zu wenden. Das Fleisch gut abtrocknen, mit Salz, Pfeffer, Thymian und dem gestoßenen Wacholder einreiben, im Ofen in der Pfanne oder auf dem Bratrost in etwa 90 bis 120 Minuten garen, ab und zu mit der heißen Butter übergießen. In den letzten 30 Minuten der Bratzeit bedeckt man den Braten 1/2 cm hoch mit einer Kruste. Dazu mischt man geschmolzene Butter, geriebenes Schwarzbrot, Zucker, Zimt, Nelkenpfeffer und Salz. Die Mischung fest auf den Wildschweinbraten drücken, mit Bratfett beträufeln und mit etwas Zucker besieben. Erst bei Tisch aufschneiden. Die abgetropfte Flüssigkeit mit Wasser oder Brühe auf einen 1/2 l auffüllen, aufkochen und mit dem Kartoffelmehl binden. Mit Rotwein, Schmand und Zucker abschmecken.

Geflügelleber mit Äpfeln

Zutaten	*1 großer, säuerlicher Apfel* *2 TL Gänse- oder Entenschmalz* *Pfeffer* *Salz* *500 g Leber von Gans, Ente oder Pute* *1 Zwiebel* *1 kleiner TL Majoran*
Zubereitung	Apfel schälen, das Kerngehäuse entfernen, in Achtel schneiden und in heißem Gänseschmalz bei zugedeckter Pfanne dünsten, bis sie plustrig sind und zerfallen. Leicht pfeffern, warm stellen. Leber häuten und teilen, pfeffern, zusammen mit der in feine Scheiben geschnittenen Zwiebel in den Rest des heißen Fettes geben, leicht bräunen lassen, zuletzt Majoran überstreuen, salzen und mit den Apfelstücken servieren. Dazu gibt es Weißbrot, Toast oder Kartoffelbrei.

Gänsebraten

In vielen ostpreußischen Familien gab es traditionell zu Weihnachten einen Gänsebraten, ein Gericht, das nur hohen Feiertagen vorbehalten war. Dann duftete es im ganzen Haus nach dem Gänsebraten und dem geschmorten Rotkohl.

Zutaten

1 junge Gans
Pfeffer
Salz
1 Sträußchen getrockneter Majoran oder Beifuß (oder pulverisierte Gewürze)
8 kleine, würzige Äpfel
1 Tasse heißes Wasser
200 g Flomen (Schweinefett)

Zubereitung

Die Gans mit Salz und Pfeffer einreiben. Mit entstielten Äpfeln und dem Gewürz füllen und die Öffnungen zunähen. Mit der Brustseite nach unten in die Gänsepfanne legen und kochendes Wasser dazu gießen, in den vorgeheizten Ofen schieben. Bei mittlerer Hitze 60 Minuten braten, dann die Gans auf den Rücken legen und starke Hitze einstellen. Ist die Brust gebräunt, die vorher gewässerten Flomen quer über den Braten legen. Ab und zu mit einer Gabel in Keulen und Brustseite stechen, damit das Fett ausläuft. Wenn sich in der Pfanne ein brauner Satz bildet, sollte man etwas heißes Wasser hinzufügen. Nach etwa 2 1/2 Stunden (je nach Größe und Alter) ist der Braten gar. Zum Schluß mit kaltem Salzwasser einpinseln, noch einmal für einige Minuten im Ofen lassen, damit die Haut kroß wird.
Den Bratsud zur Gans servieren.

Gänse-Weißsauer

Zutaten

Kleinfleisch, Magen und Herz
von einer Gans eventuell zwei Keulen extra
Salz
2 EL Essig
1 Portion Suppengemüse
1 Zwiebel
Majoran
1 Apfel
weiße Gelatine nach Bedarf
1 Prise Zucker
Pfeffer

Zubereitung

Das Gänsefleisch mit kaltem Wasser bedecken, mit etwas Salz und Essig würzen, aufkochen. Zerkleinertes Suppengemüse, Zwiebel, Majoran und Apfel dazugeben und alles weichkochen. Fleischstücke herausnehmen, mit warmem Wasser überspülen, eventuell enthäuten, und in eine Schüssel legen. Die Brühe durchsieben, kalt stellen, sorgfältig entfetten, ausmessen und nach dem Erwärmen mit der entsprechenden Menge aufgelöster Gelatine mischen. Sehr würzig abschmecken (sie wird nach dem Erkalten milder) und über das Fleisch gießen. Sehr kalt stellen. Gänse-Weißsauer schmeckt vorzüglich zu Bratkartoffeln.

Gebratene Ente

Zutaten

1 junge Fleischente
Salz
Pfeffer
4 würzige, kleine Äpfel
1 EL Sultaninen
2 Stiele Majoran oder Beifuß (oder gerebeltes Gewürz)
Pfeffer
100 g Flomen
1 EL Kartoffelmehl

Zubereitung

Die Ente innen und außen mit Salz und Pfeffer einreiben, mit den ganzen Äpfeln und dem Majoran füllen (oder Äpfel schälen, vierteln und mit Sultaninen mischen) und zunähen. Ist die Ente sehr mager, geben wir drei Eßlöffel Butter in die Bratpfanne, legen die Ente mit der Brustseite nach unten, gießen eine Tasse Wasser hinzu und schieben sie in den vorgeheizten Backofen. Bei mittlerer Hitze 60 Minuten braten, dann auf den Rücken legen und starke Hitze einstellen. Nach dem Bräunen der Brust die Flomenstücke auflegen und mit ausbraten. Die Bratzeit beträgt je nach Größe und Alter rund 90 Minuten. Wenn sich die Keulen leicht eindrücken lassen, wird der Braten mit kaltem Salzwasser bepinselt und noch ein paar Minuten in den heißen Ofen geschoben. Dann auf eine Platte legen und im abgestellten Ofen etwa 10 Minuten ruhen lassen. Sauce entfetten, Bratensatz lösen, durchs Sieb gießen, mit Kartoffelmehl binden und abschmecken.

Brathähnchen

Unter dem Geflügel gebührt dem Huhn der erste Platz. „Ein Hühnchen" wurde es zärtlich genannt. Wahrscheinlich spielte die vielfache Verwendungsmöglichkeit eine große Rolle für die Popularität dieses Geflügels. War das gebratene Huhn ein rechter Sonntagsbraten, so konnte man aus dem gekochten Huhn sowohl eine wunderbare Suppe mit Karotten und Sellerie herstellen als auch mit dem weißen Fleisch ein Hühnerfrikassee anrichten – also Essen für zwei Tage, und das von der wohlschmeckenden, feineren Art. Das Geflügel kam vorwiegend vom Land, wo es sein Leben unter naturgegebenen Umständen gefristet hatte und dementsprechend lecker schmeckte. Auf jeden Fall hatten diese Hühner nichts gemein mit ihren armen Artgenossen von heute, die ihr Leben in engen Käfigen auf sogenannten Hühnerfarmen fristen.

Zutaten

2 junge Hähnchen
1 Bund grüne Petersilie
4 EL Butter
Pfeffer
Salz
Hühnerbrühe
1/8 l saurer Schmand
1 TL Kartoffelmehl

Für die Fülle:
Magen, Herz, Leber
3 EL Paniermehl
3 EL Butter

Zubereitung

Hähnchen mit Salz und Pfeffer einreiben. Petersilie und 1 Stückchen Butter in die Bauchhöhle geben. (Oder man kann eine Fülle aus durch den Fleischwolf gedrehten Innereien, Magen, Herz und Leber, mit Paniermehl und geschmolzener Butter herstellen, einfüllen und die Öffnungen zunähen.)

Hähnchen in Butter von allen Seiten anbraten, etwas Hühnerbrühe oder Wasser angießen. Deckel schließen und das Geflügel in etwa 50 bis 60 Minuten gar schmoren lassen. Oder im Backofen in hellbrauner Butter mit der Brustseite nach unten bei mittlerer Hitze anbraten lassen, nach 30 Minuten wenden und weitere 30 Minuten braten lassen, nach Bedarf etwas Brühe oder Wasser hinzugießen. In den letzten 10 Minuten den sauren Schmand mitbräunen lassen. Hähnchen auf einer Platte im abgestellten Ofen lassen. Sauce mit Kartoffelmehl binden und abschmecken.

Hühnerfrikassee

Besonders unter Kindern war dieses Gericht sehr beliebt. Ganz hell und leicht, nur aus dem zarten Fleisch des Hühnchens und den Champignons bestehend, die in einer leckeren Sauce schwammen, stellte es, mit dem Schmandsalat und den Salzkartoffeln, die dazu nicht fehlen durften, ein Festtagsessen erster Ordnung dar.

Zutaten

1 junges Suppenhuhn
Salz
1 Portion Suppengemüse
125 g frische oder 1 kleine Dose Champignons
eventuell Spargel
5 EL Butter
2 Eigelb
2–3 EL Mehl
Zitronensaft
1 Prise Zucker
eventuell Kapern, Krabben, Fleischklopse

Zubereitung

Das Huhn vorbereiten, mit Herz und Magen in einen Topf geben, mit heißem Wasser die Hälfte des Huhns bedecken, leicht salzen, das zerkleinerte Suppengemüse dazugeben. Deckel schließen und bei milder Hitze sieden lassen. Das Huhn nach 30 Minuten wenden. Die Kochzeit beträgt etwa 60 Minuten, bei älteren Tieren etwas länger. Brühe abgießen und entfetten. Das abgekühlte Fleisch enthäuten, von den Knochen befreien und in mundgerechte Stücke schneiden. Inzwischen die frischen Pilze in etwas Butter dünsten, den Spargel kochen oder erhitzen. Eine helle Mehlschwitze bereiten, mit Brühe zu einer dickflüssigen Sauce auffüllen, mit Salz, Zitronensaft und Zucker würzen und mit Eigelb abziehen. Fleisch noch einmal in der Sauce ziehen lassen, eventuell mit Kapern, einigen Krabben oder kleinen Fleischklopsen anreichern.

Huhn geschmort

Zutaten

2 junge Hühner
Salz
3 EL Butter
2 Tassen Hühnerbrühe
1 Tasse saurer Schmand
1 EL Kartoffelmehl
eventuell Champignons

Zubereitung

Hühner vorbereiten, außen und innen mit Salz einreiben. Butter erhitzen, Hühner hellbraun anbraten, Hühnerbrühe angießen, Topf schließen und Hühner in etwa 50 Minuten gar schmoren. Sauren Schmand hineingeben. Hühner herausnehmen und zerteilen. Die Sauce mit dem Kartoffelmehl binden, würzig abschmecken und eventuell mit Champignons verfeinern.

125

Fisch

In Ostpreußen gibt es unzählige Gewässer: die großen Flüsse – den Pregel, die Inster, die Anger, die Aller –, die Tausende von Seen in Masuren, die Ostsee sowie das Kurische und das Frische Haff. Und in all diesen klaren Gewässern wurde gefischt und geangelt, und der Fang wurde dann auf großen Fischerkähnen in die Städte und auf die Fischmärkte gebracht.

In seinem Erinnerungsbuch »Gefilte Fisch« schreibt der Königsberger Max Fürst über seine Kindheitserlebnisse an der Ostsee:

„Wenn die Boote auf dem Sand knirschten, wenn die Segel eingezogen waren und die Boote durch die Uferbrandung schlingerten, mußte man Netze und andere Gebrauchsgegenstände in Empfang nehmen. Große Fische wie Dorsche, Flundern und Steinbutte waren schon ausgenommen und wurden in Kästen und Eimern an Land getragen. Die großen Fänge gab es meistens erst im Herbst. Zum Räuchern gehörte das Aufschlitzen und Ausnehmen der Fische. Etwas außerhalb des Dorfes lag die Räucherei. Da wurden die Fische an langen Eisenstangen, die durch die Augen der Tiere gestochen wurden, über die Räucheröfen gehängt. Kein Delikateßladen der Welt kann bieten, was wir im Dorf hatten! Flundern und Strömlinge aus der Räucherei, wenn sie noch warm sind. (…)“

Um Fisch und was man daraus zubereitete, dreht sich dieses Kapitel.

Schmandhering

Wenn die Königsberger Familien nach einem heißen Tag an der See braungebrannt dem Bahnhof der Stadt Cranz zustrebten, kam man auch über den sogenannten Korso. Da saß eine Fischfrau neben der anderen und bot ihre Ware feil – frische Heringe und herrlich goldbraun geräucherte Fische, deren betörender Duft gegen Abend den ganzen Badeort überzog. Kaum einer unter den zurückfahrenden Städtern konnte dann dem Duft, Anblick und der Aussicht auf ein kulinarisches Abendbrot daheim widerstehen. Und so waren die Fischfrauen mit ihren fettglänzenden Händen unablässig damit beschäftigt, ihre Ware in grobes Papier einzuschlagen. Dabei leuchteten ihre Augen freundlich ob des guten Geschäfts.

Zutaten

4 Salzheringe oder 8 Matjesfilets
2 große Zwiebeln
1 Apfel
1 Gewürzgurke
3/8 l saurer Schmand
2 EL Essig oder Zitronensaft
1 Prise Zucker
Pfeffer
eventuell Tomaten, Essiggemüse, Paprikaschote

Zubereitung

Die Salzheringe gut wässern, häuten, entgräten und in Streifen schneiden. (Die Matjesfilets eventuell kurz in Milch legen.) Die Zwiebeln würfeln oder in feine Scheiben schneiden. Apfel schälen, achteln und stifteln, die Gurke würfeln. Den Schmand süßsauer mit Essig oder Zitronensaft abschmecken und mit Zucker und Pfeffer würzen. Gut verquirlt über die Heringe geben, und einige Stunden kühl stellen.

Man kann diesen Schmandhering durch die Beigabe von Tomatenwürfeln, Essiggemüse oder feingeschnittenen Paprikaschoten (frisch oder eingelegt) noch bunter machen.
Zum Schmandhering gehören eigentlich Pellkartoffeln, man kann das Gericht aber auch mit Toast reichen.

Fischklopse gebraten

Und freitags Fisch! Viele Königsberger Hausfrauen waren morgens in das Geschäft des „Hausfrauenvereins“ gegangen und hatten dort einen der großen Fische erstanden, die munter in den Wasserbecken umherschwammen. Der Fisch wurde noch im Laden getötet, zu Hause aber erst ausgenommen und geschuppt. Die Kinder liebten die großen Fische weniger, denn sie hatten Angst vor den scharfen Gräten. Aber die Fischklopse, so etwas wie die Vorläufer der heute so beliebten Fischstäbchen, standen in der Gunst der Kinder ganz weit oben. Konnte man sich bei ihnen doch darauf verlassen, daß sie garantiert grätenfrei waren.

Zutaten

1 kg Hecht oder Schellfisch oder 500 g Fischfilet
2 kleine Brötchen
1 Zwiebel
2 Eier
Salz
insgesamt 125 g Butter

Für die Panade:
2 Eier
Paniermehl
etwas Mehl

Zubereitung

Das entgrätete Fischfleisch oder Filet mit den eingeweichten, ausgedrückten Brötchen durch den Fleischwolf geben. Die gewürfelte Zwiebel in Butter hell dünsten und dazufügen. Zwei Eßlöffel Butter weich rühren und mit den Eiern mischen, zum Fisch geben, salzen und alles zusammen zu einem geschmeidigen Teig vermischen. Kleine, flache Klopse oder Röllchen daraus formen, mit Mehl bepudern, in den verquirlten Eiern und dem Paniermehl wenden und in heißer Butter braun und kroß braten. Wir können auch kleine Klopse oder Röllchen formen, die schwimmend in Öl oder Kokosfett – wie der Bratfisch – ausgebacken werden. Die Fischklopse auf einer vorgewärmten Platte mit Zitronenschnitzen und Petersiliensträußchen garnieren, zu einfachem Kartoffelsalat oder Mayonnaisesalat reichen.

Feine Fischröllchen

Zutaten

500 g Fischfilet
Saft einer Zitrone
1 Portion Suppengemüse
Fischgewürz
1/2 Zitrone
4 EL Butter
2 EL Mehl
2 Eigelb
1 Tasse saurer Schmand
Salz
1 Prise Zucker
eventuell Currypulver
Kapern oder Krabben oder Champignons
2 EL grüne Kräuter

Zubereitung

Das Fischfilet in Scheiben schneiden, mit Zitronensaft und wenig Salz einreiben, die Scheiben gleichmäßig aufrollen und mit Speilchen (Holzstäbchen) oder einem Faden zusammenhalten. Aus leicht gesalzenem Wasser, dem zerteilten Suppengemüse und etwas Fischgewürz eine Brühe kochen (etwa 1/4 l), durch ein Sieb gießen. Die Fischröllchen nebeneinander aufrecht in einen Kochtopf oder ein Gefäß aus Jenaer Glas stellen, auf jedes eine geschälte Zitronenscheibe legen, mit der heißen Brühe übergießen und etwa 15 Minuten bei schwacher Hitze ziehen lassen. Brühe abgießen, in einer Pfanne eine helle Mehlschwitze machen, mit Brühe auffüllen, mit Eigelb und saurem Schmand abziehen, mit Zitronensaft, Zucker, Salz und eventuell etwas Curry würzig abschmecken. Zum Schluß die Kräuter hinzufügen. Nach Vorrat und Geschmack mit Kapern, Krabben oder gedünsteten Champignons verfeinern.

Fischklopse gekocht

Zutaten

1 kg Hecht oder Schellfisch oder 500 g Fischfilet
2 kleine Brötchen
1 Zwiebel
6 EL Butter
2 Eier
1 Portion Suppengemüse
Fischgewürz
2 EL Mehl
1/8 l süßer Schmand
Saft einer halben Zitrone
2 Eigelb
eventuell Kapern oder Krabben
Salz
1 Prise Zucker

Zubereitung

Das entgrätete Fischfleisch mit den eingeweichten, ausgedrückten Brötchen durch den Fleischwolf drehen, die feingeschnittene Zwiebel in etwas Butter hell dünsten und dazugeben. Zwei Eßlöffel Butter weich rühren und mit zwei Eiern mischen, salzen und mit dem Fisch zu einem lockeren Teig verarbeiten und zu Klopsen formen. Aus dem Kopf und den Fischresten, mit Suppengemüse, Salz und Fischgewürz durch 15minütiges Kochen eine Fischbrühe herstellen und durch ein Sieb gießen. Aufkochen und die Fischklopse darin 10 Minuten ziehen lassen, herausnehmen und warm stellen. Aus Mehl und Butter eine helle Schwitze zubereiten, mit Fischbrühe und süßem Schmand auffüllen, Sauce mit den Eigelben abziehen, mit Zitronensaft, Salz und Zucker würzig abschmecken. Mit Kapern oder Krabben verfeinern, die Klopse in die Sauce geben und mit mehligen Salzkartoffeln servieren.

Spickhecht

In seiner kleinen, heimwehkranken Erzählung „Die Katz“ erzählt Kurt Tucholsky von seiner Begegnung in Paris auf den Champs Elysées mit einer Insterburger Katze. Im Verlauf des Gesprächs beklagt sie sich: „Näi, hier jefällts mir nich! Ich wäiss nich, die Leite sinn ja soweit janz natt, aber, wissen Se, mit der Verfläijung, das is doch nuscht. Ja, ‘s jippt ja Fläisch un so – aber Fischkeppe – wissen Se – son richtichen Kopp von ‘nem Zanderchen oder Hachtchen – das hätt ich doch jar zu jern jejassen. Aber Pustekuchen!“

Zutaten

1 Hecht (oder Zander) von etwa 1,5 kg
50 g durchwachsener Räucherspeck
100 g Butter
Saft einer Zitrone
Pfeffer
Salz
2 EL geriebener Käse
1 große Zwiebel
1/8 l saurer Schmand
eventuell Kartoffelmehl

Zubereitung

Den Fisch säubern, ausnehmen (Leber beiseite stellen), die Rückenhaut in einem Stück abziehen, den Rücken mit Speckfäden spicken. Den Fisch mit Zitronensaft beträufeln, salzen und pfeffern, die Leber hineinlegen und die Bauchlappen nach innen einschlagen. Den restlichen Speck in feine Scheiben schneiden, mit der Butter in der Bratpfanne leicht anbräunen. Fisch darauflegen, mit dem Käse überstreuen, mit Zwiebelscheiben umlegen, in den vorgeheizten Ofen schieben und auf Mittelhitze einstellen. Nach 15 Minuten zwei Eßlöffel sauren Schmand über den Fisch geben, dann nach und nach den Rest hinzufügen. Nach etwa 45 Minuten ist der Fisch gar. Vorsichtig auf eine Platte heben, die Sauce mit etwas heißem Wasser loskochen, eventuell mit etwas Kartoffelmehl binden. Dazu gibt es Kartoffelbrei und gemischten Salat.

Bratfisch

Zutaten

1 kg kleine Hechte (oder Zander, auch Schellfisch oder 500 g Fischfilet)
Paniermehl
Saft einer Zitrone
Salz
2 Eier
Mehl
4 EL Butter (oder 2 EL Schmalz und 2 EL Butter)

Zubereitung

Die vorbereiteten Fische werden von den Köpfen befreit und, wenn sie klein sind, ein paarmal quer zur Rückengräte eingeschnitten (größere Fische in Portionsstücke teilen), mit Zitronensaft und Salz innen und außen eingerieben. Nach einer Weile mit etwas Mehl einpudern, in den verquirlten Eiern und dem Paniermehl wenden, in der heißen Butter auf beiden Seiten gar und braun braten. – Sie schmekken auch vorzüglich, wenn sie in Fett schwimmend ausgebacken werden. Dazu nehmen wir Öl oder Plattenfett, lassen es in einem festen Topf so heiß werden, daß sich um einen Holzlöffelstiel Blasen bilden, braten die kleinen Fischstücke, bis sie hellbraun sind, nehmen sie mit dem Schaumlöffel heraus, backen eine neue Portion (nie zu viele auf einmal!), geben zum Schluß alle Fischstücke noch einmal in das heiße Öl.

Aal grün

Zutaten

2 EL Mehl
3 EL Butter
1/2 l Fisch- oder Fleischbrühe
1 Zwiebel
1 Portion Suppengemüse
Salz
3 Gewürzkörner (Piment)
etwa 750 g Aal
1 Eigelb
Zitronensaft
1/8 l süßen Schmand
1 Prise Zucker
3 EL gehackte Kräuter (Dill, Petersilie, Schnittlauch, Kerbel)
eventuell Kartoffelmehl

Zubereitung

Aus Butter und Mehl eine lichtgelbe Schwitze herstellen, mit der Brühe zu einer sämigen Sauce auffüllen, in die zunächst die gewürfelte Zwiebel und die feingeschnittenen Suppengemüse sowie das Salz und das Gewürz gegeben werden. Jungen Aal ausnehmen, innen und außen gründlich mit Salz abreiben, so daß sich der Schleim löst und in Portionsstücke schneiden, mit der Haut in die Sauce geben. Ältere Fische verarbeitet man am besten abgezogen. Die Aalstücke in der Sauce in 15 bis 20 Minuten leise ziehend garen, mit einem Schaumlöffel herausnehmen. Die Sauce eventuell noch mit etwas Kartoffelmehl nachdicken, mit Eigelb abziehen, mit süßem Schmand verfeinern, mit Zitronensaft und Zucker abschmekken und mit den Kräutern verrühren.
Das gleiche Rezept eignet sich auch für die Zubereitung von Hecht, Zander oder Schlei.

Fischfilet mit Pilzen

Ein gewohntes Bild und ein gewohnter Klang erfreute die Kinder der Stadt Königsberg, wenn die Fischfrauen von der Nehrung am Freitagmorgen durch die Vororte fuhren: der Mann führte das Pferd, das einen niedrigen Leiterwagen zog, oben aber thronte stolz die Fischersfrau und pries laut singend ihre Ware an: „Strömling, Maräne, Strömling!"

Damit wurden die Käufer angelockt. Man muß sich vorstellen, daß die Fischer nachts aufs Haff zum Fischen fuhren, morgens die Fische ausluden und sie dann in Körben auf den Leiterwagen in die Stadt fuhren – von Cranz bis Königsberg waren es genau 32 km!

Zutaten

750 g Fischfilet
Saft einer Zitrone
5 EL Butter
1 Tasse feinblättrig geschnittene Champignons oder andere Pilze
100 g durchwachsener Räucherspeck
Pfeffer
1/4 l saurer Schmand
Paniermehl oder geriebener Käse

Zubereitung

Das Filet säubern, mit Zitronensaft beträufeln, salzen und in Stücke schneiden. Die Pilze in etwas Butter andünsten. Auflaufform mit Butter ausstreichen, den in feine Scheiben geschnittenen Speck auf den Boden legen, Fischstücke und Pilze darüber verteilen und mit frisch gemahlenem Pfeffer würzen. Mit dem sauren Schmand übergießen, mit Paniermehl oder Käse bestreuen, mit Butterflöckchen besetzen und bei Mittelhitze in 20 bis 30 Minuten gar werden lassen, bis die Oberfläche leicht gebräunt ist.

Dazu gibt es körnigen Reis oder Kartoffelbrei und einen frischen Salat.

Nachspeisen

Die klassischen ostpreußischen Nachspeisen waren Crèmes, Puddings und Obstgrützen. Viele der hier aufgeführten Süßspeisen waren keine eigentlichen Nachspeisen, sondern Hauptgerichte. Beispielsweise die beliebten Apfelkeilchen sowie die mit süßer Glumse (Quark) oder Marmelade gefüllten Flinsen konnten durchaus ein Hauptgericht darstellen, vor dem man allenfalls noch eine herzhafte Suppe reichen konnte. Das liegt einfach daran, daß sie so gehaltvoll und sättigend sind, daß man sie unmöglich noch als Abrundung nach einer guten Mahlzeit bewältigen kann.

Diese süßen Gerichte erfreuten sich vor allem bei Kindern größter Beliebtheit. Die Apfelkeilchen, dick mit Zucker und Zimt bestreut und mit brauner Butter übergossen, schmeckten mittags ebenso gut wie am Abend, wenn das, was übriggeblieben war, noch einmal in der Pfanne knusprig gebraten wurde. Und der Grießpudding war variantenreich: mit Rosinen bereichert, mit Himbeersaft übergossen, zu Apfel- und Pflaumenkompott.

Zu all diesen Köstlichkeiten gehörte ja nicht viel – ein bißchen Mehl, ein bißchen Grieß, etwas Milch und Zucker, etwas Obst. Aber aus diesen Zutaten ließen sich Köstlichkeiten zaubern, die alle modernen und raffinierten Gaumenfreuden überdauern könnten.

Buttermilchspeise

Zutaten

1 Päckchen weiße Gelatine
1 TL rote Gelatine
4 Eier
etwa 200 g Zucker
1 l Buttermilch
1 unbehandelte Zitrone

Zubereitung

Die Gelatine nach Vorschrift auflösen. Eier und Zucker schaumig rühren, Buttermilch, Saft und die abgeriebene Schale der Zitrone dazugeben, zuletzt die gut ausgedrückte Gelatine. Bis zum Dickwerden öfter umrühren. Die Speise am besten über Nacht kalt stellen.

Honigäpfel

Zutaten

4 große Äpfel
2 EL Rosinen
3 EL Rum
4 EL Honig
4 EL Zitronensaft
2 EL geriebene Mandeln
2 EL geschmolzene Butter

Zubereitung

Die Äpfel schälen, Kerngehäuse vorsichtig ausstechen. Rosinen in Rum aufquellen lassen. Mit einer Mischung aus Honig, Zitronensaft, geriebenen Mandeln, Butter und vorbereiteten Rosinen füllen. In einer ausgebutterten, feuerfesten Form im Ofen 20 bis 30 Minuten überbacken.
Die Honigäpfel werden heiß mit Vanillesauce serviert.

Stippmilch

Zutaten

500 g Speisequark
Milch oder süßer Schmand
50 g Zucker
1 TL Vanillezucker
Fruchtsaft, Kompott oder frische Früchte

Zubereitung

Den Quark schaumig rühren, mit so viel Milch oder süßem Schmand mischen, daß die Masse sahnig ist. Zucker und Vanillezucker dazugeben. Mit Fruchtsaft, Preiselbeeren, Erdbeeren, Kirschkompott, frischen Himbeeren oder Blaubeeren verrühren und kühl zu Tische bringen. Wir können die Stippmilch auch gesondert zu den Früchten reichen, jeder nimmt sich dann beides nach Geschmack. Ein leichtes und schmackhaftes Sommergericht.

Glumsauflauf

In Ostpreußen wurde der Quark Glumse genannt. Glumse erfreûte sich großer Beliebtheit und kam in unzähligen Variationen auf den Tisch.

Zutaten

200 g Butter
5 Eigelb
200 g Zucker
3 EL Mehl
750 g Glumse (Quark)
1 Tasse Milch oder süßer Schmand
Saft einer Zitrone
100 g Korinthen
5 Eiweiß

Zubereitung

Butter sahnig rühren, Eigelb, Zucker, Mehl, Glumse, süßen Schmand, Zitronensaft und Korinthen nach und nach zugeben, zuletzt den Eischnee. In der gefetteten Auflaufform 60 Minuten im Ofen bei 180° C backen, mit Fruchtsaft oder Kompott zu Tisch geben.

Glumsflinsen

Flinsen sind kleine in Fett ausgebackene Teigküchlein, die man in Ostpreußen in vielen Varianten zubereitete.

Zutaten

500 g Glumse (Quark)
125 g Mehl
2 Eier
50 g Korinthen
Salz
Milch oder Buttermilch nach Bedarf
Butter oder Margarine zum Backen
Zimtzucker

Zubereitung

Den Quark glatt rühren, mit Mehl, Eiern, den vorher eingeweichten Korinthen, etwas Salz und soviel Milch oder Buttermilch mischen, daß der Teig nicht zu fest wird. Butter oder Margarine in der Pfanne heiß werden lassen, eine Flinse zur Probe backen, dann die anderen. Mit Zimtzucker oder Kompott servieren.

Glumskuchen

Zutaten

250 g Glumse (Quark)
3 EL Mehl
4 Eigelb
4 Eiweiß
Fett zum Ausbacken
Puderzucker oder Zimtzucker

Zubereitung

Glumse, Mehl und Eigelb miteinander verkneten, zuletzt den Eischnee dazugeben. Ist der Teig zu feucht, noch etwas Mehl hineingeben (er muß sich gut ausrollen lassen). Fett erhitzen, bis sich um einen hölzernen Löffelstiel Bläschen bilden, den ausgerollten Teig mit dem Kuchenrädchen in längliche Rechtecke teilen und diese schwimmend im Fett ausbacken, auf Küchenpapier abtrocknen lassen und mit Puderzucker oder Zimtzucker bestreuen. Dazu kann man eine Sauce aus saurem Schmand mit Vanillezucker oder ein beliebiges Kompott reichen.

Buttermilchflinsen

Die Buttermilchflinsen eignen sich vor allem als Gebäck bei einer Kaffeetafel an einem heißen Sommertag.

Zutaten

250 g Mehl
knapp 1/2 l Buttermilch
2 EL Zucker
3 Eier
3 EL Butter

Zubereitung

Der Buttermilch nach und nach Mehl zugeben, bis ein dickflüssiger Teig entsteht, die übrigen Zutaten (bis auf die Butter) untermischen und tüchtig verschlagen. Teig eine Weile stehen lassen. Die Butter erhitzen und kleine Flinsen nach und nach backen. Mit Zucker bestreuen oder Kompott dazu reichen.

Grießflammeri

Zutaten

125 g Grieß
1 l Milch
100 g Zucker
1 Prise Salz
3 EL geriebene Mandeln
1 Vanilleschote (oder Vanillezucker)
fein geriebene Schale einer halben unbehandelten Zitrone
2 Eigelb
2 Eiweiß

Zubereitung

Den Grieß in etwas kalter Milch einweichen. Die übrige Milch mit dem Zucker und dem Salz zum Kochen bringen, die Mandeln, die Vanilleschote (oder Vanillezucker) und die Zitronenschale dazugeben. Den Grieß langsam in die kochende Flüssigkeit einlaufen lassen, unter Rühren kochen, bis sich der Brei vom Topf löst (etwa 10 Minuten). Den Topf vom Herd nehmen, die Eigelb unterrühren, zuletzt den steifen Eischnee darunterziehen. Den Flammeri in eine mit kaltem Wasser ausgespülte Form gießen, nach dem Erkalten stürzen und dazu Fruchtsaft oder Kompott reichen.

Apfelbettelmann

Zutaten *500 g altbackenes Brot*
4 EL Zucker
5 EL Butter
500 g Äpfel
Weißwein

Zubereitung Das Brot durch den Fleischwolf drehen oder reiben, mit Zucker und der geschmolzenen Butter verrühren und in der Pfanne leicht rösten. Äpfel schälen, das Kerngehäuse entfernen, in Scheiben schneiden und in Weißwein dünsten. In eine gefettete Auflaufform eine Lage Brot geben, darüber eine Lage gedünsteter Apfelstücke, obenauf wieder Brot. Bei mittlerer Hitze im Backofen 30 Minuten backen lassen. Heiß mit Vanillesauce servieren.

Rote Grütze

Zutaten

1/2 l Fruchtsaft
1/2 l Wasser
100 g Grieß oder Sago
1 Prise Salz
etwas Zitronensaft
1 Stück Zitronenschale
Zucker nach Geschmack

Zubereitung

Den Grieß in etwas Wasser anrühren. Saft und Wasser zum Kochen bringen, den angerührten Grieß oder den trockenen Sago einrühren, bei milder Hitze in etwa 10 bis 20 Minuten ausquellen lassen, Salz, etwas Zitronensaft und Zitronenschale dazugeben, nach Geschmack süßen. Die Rote Grütze schmeckt am besten, wenn der Saft je zur Hälfte aus Himbeeren und Johannisbeeren besteht. Mit süßem Schmand, Vanillesauce oder gesüßter Milch servieren. Erfrischend im Sommer!

Äpfel im Schlafrock

Zutaten

1 Paket Blätterteig oder Mürbeteig aus der Tiefkühltruhe
4 mittelgroße Äpfel
Saft einer halben Zitrone
Marmelade oder Gelee
1 EL geriebene Mandeln
1 EL Rum oder Zitronensaft
1 EL Butter
1 EL Zucker
1 Eigelb
Puderzucker

Zubereitung

Mürbeteig oder Blätterteig selbst herstellen oder aus der Tiefkühltruhe besorgen, auftauen und ausrollen. Äpfel schälen, das Kerngehäuse vorsichtig ausstechen, mit etwas Zitronensaft oder Rum beträufeln. Mit Marmelade oder Gelee oder einer Mischung aus Mandeln, Rum, Butter und Zucker füllen. Den Teigboden in passende Vierecke schneiden, Äpfel daraufstellen, die Zipfel oben zusammendrücken, mit Eigelb bestreichen. Im Backofen in ca. 20 Minuten hellbraun backen, mit Puderzucker bestreuen und heiß zu Tisch geben.

Apfelklöße

Dieser Nachtisch stand besonders bei den Kindern sehr hoch in der Gunst, und er hat auch heute, in einer Zeit von Fertigeis und Fertigpuddings, nichts von seinem unwiderstehlichen Reiz verloren.

Zutaten

500 g säuerliche Äpfel
3 Eier
Salz
1/4 l Milch
500 g Mehl
1 TL Backpulver
100 g Butter
Zimtzucker

Zubereitung

Äpfel schälen, Kerngehäuse ausstechen, grob raspeln oder würfeln, mit etwas Mehl überstreuen. Eier mit etwas Salz und der Milch verquirlen, mit den Äpfeln und dem mit Backpulver vermischten Mehl verrühren. In einem großen Topf Salzwasser zum Kochen bringen, jeweils den Eßlöffel mit heißem Wasser abspülen und damit ein Stück vom Teig abstechen. Der Eßlöffel wird solange ins kochende Wasser gehalten, bis sich der Kloß löst. Die Klöße etwa 10 Minuten ziehen lassen. Kurz mit lauwarmem Wasser abspülen, abtropfen lassen, mit brauner Butter und Zimtzucker servieren.

Arme Ritter

Dieser Klassiker der „Armeleuteküche“ war in Ostpreußen hochgeschätzt. Es handelt sich dabei um eine einfache, aber schmackhafte Süßspeise, die vor allem aus altem Brot besteht. Veredelt man die Armen Ritter mit etwas Vanillesauce oder frischem Apfelkompott, eignen sie sich auch als Dessert bei einem festlichen Mahl.

Zutaten

4 alte Brötchen
2 Eier
1 Prise Zucker
1 Prise Salz
1 Tasse Milch
2 Eigelb
Paniermehl
100 g Butter
Zimtzucker

Zubereitung

Die Brötchen waagerecht halbieren, nebeneinander auf eine Platte legen. Eier mit etwas Zucker, Salz und der Milch verschlagen, die Mischung nach und nach über die Brötchen gießen, so daß sie sich vollsaugen, aber nicht zerfallen. Die eingeweichten Brötchen dann in das verquirlte Eigelb tauchen und im Paniermehl wälzen. In heißer Butter goldgelb braten. Mit Zimtzucker bestreuen und heiß servieren.

Apfelschnee

Zutaten

10 bis 12 Äpfel
Zucker nach Geschmack
4 Eiweiß
Makronen
100 g Walnußkerne
eingemachte Früchte
1/4 l süßer Schmand

Zubereitung

Die ganzen Äpfel im Backofen braten, durch ein Sieb streichen, nach dem Erkalten süßen. Den festen Eischnee unter die Masse heben, diese bergförmig in eine Schüssel schichten und kalt stellen. Mit kleinen Makronen, halben Walnüssen und eingemachten Früchten garnieren und geschlagenen süßen Schmand dazu reichen. Ein Teil der Walnüsse kann auch gerieben unter die Masse gerührt werden.

Zitronencreme

Zitronen gab es vor dem Krieg in Ostpreußen selten zu kaufen, und so war ihre Verwendung in der Küche eher die Ausnahme als die Regel. Entsprechend groß war die Begeisterung, wenn Zitronencreme auf den Tisch kam.

Zutaten

5 Blatt oder 1 Päckchen weiße Gelatine
125 g Zucker
5 Eigelb
2 unbehandelte Zitronen
4 EL Weißwein

Zubereitung

Gelatine einweichen, ausdrücken, in lauwarmem Wasser nach Packungsanweisung auflösen. Zucker und Eigelb schaumig rühren, Zitronensaft und abgeriebene Schale dazugeben. Weißwein und Gelatine unterrühren, weiter rühren, bis die Masse dickflüssig wird. Zuletzt den Eischnee unterheben, kalt stellen.
Mit geschlagenem süßen Schmand oder Früchten servieren.

Erdbeercreme

Zutaten

500 g Erdbeeren
Zucker nach Geschmack
Saft einer Zitrone
5 Blatt rote Gelatine
1/4 l süßer Schmand

Zubereitung

Die Früchte waschen und entstielen, durch einen Durchschlag passieren oder im Mixer zerkleinern. Mit Zucker und Zitronensaft abschmecken. Die Gelatine nach Vorschrift auflösen und unterrühren. Wenn die Masse zu stocken beginnt, den steif geschlagenen süßen Schmand unterziehen. Mit ganzen Früchten und Schmandspritzern garnieren. Nach dem gleichen Rezept bereiten wir auch eine Himbeercreme zu, die durch einen Eßlöffel Rum verfeinert wird.

Rhabarbergrütze

Zutaten

knapp 3/4 l Wasser
300 g Zucker
125 g Sago oder Grieß
750 g junger Rhabarber
etwas unbehandelte Zitronenschale

Zubereitung

Das Wasser mit dem Zucker aufkochen, den Sago einstreuen und in 15 bis 20 Minuten bei geringer Hitze ausquellen lassen. Den ungeschälten, in Stücke geschnittenen Rhabarber hinzugeben und ein Stück Zitronenschale kurz mitkochen, noch einmal abschmecken und die Speise kalt stellen. Dazu: süßen Schmand, gesüßte Milch oder Vanillesauce.

Vanillecreme

„Pudding“, sprach er, „ist mein Bestes!“
Drum zum Schluß des kleinen Festes
Steht der wohlgeformte große
Pudding mit der roten Sauce
Braun und lieblich duftend da.
(Wilhelm Busch)

Zutaten

40 g Stärkemehl
2 Eigelb
1 Vanilleschote
60 g Zucker
1/2 l Milch
2 Eiweiß

Zubereitung

In einem Topf das Stärkemehl mit dem Eigelb, der Vanilleschote, dem Zucker und der Milch kalt anrühren und mit dem Schneebesen unter Rühren aufkochen lassen. Nach dem Kochen sofort von der Herdplatte nehmen. Dann die Creme abkühlen lassen und den steifgeschlagenen Eischnee leicht unterheben.

Omas Tip: Der Geschmack eines solchen Desserts verbessert sich ungemein, wenn man die Vanilleschote der Länge nach aufschneidet und das Mark herauskratzt. Die leere Hülse kann man dennoch mitkochen und vor dem Servieren entfernen.

Register

Aal grün 119
Äpfel im Schlafrock 134
Apfelbettelmann 132
Apfelklöße 135
Apfelschnee 137
Arme Ritter 136

Balbäuschen 36
Bauernfrühstück 24
Beetenbartsch 12
Bettelmann-Suppe 16
Bierkartoffeln 32
Bohnensalat 74
Bohnen-Speck-Eintopf 14
Bohnen und Birnen 50
Bratfisch 118
Brathähnchen 104
Bratkartoffeln 39
Bratwurst in Bier 86
Brotsuppe 21
Buttermilchflinsen 130
Buttermilchspeise 124

Dämpfkarbonade 84

Erbsen mit Speck 19
Erdbeercreme 139

Falscher Hase 88
Feine Fischröllchen 114
Fischfilet mit Pilzen 120
Fischklopse gebraten 112
Fischklopse gekocht 115
Fischsalat 70
Fleischsalat 67

Gänsebraten 101
Gänse-Weißsauer 102
Gebratene Ente 103
Geelerkes 57
Geflügelleber mit Äpfeln 100
Geflügelsalat 68
Gestowtes Gemüse 46
Glumsauflauf 127
Glumsflinsen 128
Glumskuchen 129
Grießflammeri 131
Gurkengemüse 53
Gurkensalat 63

Hasenbraten 94
Heilsberger Keilchen 28
Heringssalat 69
Holländische Sauce 45
Honigäpfel 125
Hühnerfrikassee 106
Huhn geschmort 107

Kalbfleisch in Bier 87
Kaninchen mit Porree 97
Kartoffelbällchen 35
Kartoffelflinsen I 37
Kartoffelflinsen II 38
Kartoffelhörnchen 33
Kartoffelkeilchen 25

Kartoffelkeilchen aus Pellkartoffeln 26
Kartoffelkeilchen mit Brot 27
Kartoffelrand 34
Kartoffelsalat I 64
Kartoffelsalat II 65
Kohlrouladen 42
Königsberger Klopse 78
Kürbissuppe 20

Leber mit Äpfeln und Majoran 85
Linseneintopf mit Pflaumen 18

Masurischer Suppentopf 13
Mohrrüben 47
Mohrrübensalat 73

Palbohnen 49
Petersilienkartoffeln 31
Pfefferklops 83
Pikantes Wildragout 93
Pilzragout 59
Porree 52

Rehkeule in Schmand 95
Rehkotelett mit Champignons 91
Rhabarbergrütze 140
Rinderfleck (Kutteln) 10
Rominter Wildpastete 96
Rote-Beten-Gemüse 51
Rote-Bete-Selleriesalat 72
Rote Grütze 133
Rotkohl 55

Sauerampfersuppe 15
Sauerkohl 54
Sauerkohlsalat 75
Schabbelbohnen mit Schmand 48
Schmandhering 110
Schmandkartoffeln 30
Schmandsalat 66
Schmorkohl 56
Sellerie-Apfelsalat 71
Spickhecht 116
Stangenspargel 44
Steinpilze 58
Stippmilch 126

Tomatensalat 62

Vanillecreme 141

Wildfleisch-Klößchen 92
Wildschweinbraten 98
Wruken (Steckrüben) 43
Wrukensuppe 17

Zitronencreme 138
Zodderklops 81
Zwiebelkartoffeln 29
Zwiebelklops 82